INSTITUT DE FRANCE.

ÉLOGE
DE
BOURDALOUE

DISCOURS
AUQUEL L'ACADÉMIE FRANÇAISE A DÉCERNÉ
LE PRIX D'ÉLOQUENCE
dans la séance publique annuelle du 13 août 1874.

PAR

ANATOLE FEUGÈRE
professeur de rhétorique au collège Stanislas.

PARIS
TYPOGRAPHIE DE FIRMIN DIDOT FRÈRES, FILS ET Cⁱᵉ
IMPRIMEURS DE L'INSTITUT DE FRANCE, RUE JACOB, 56

MDCCCLXXIV

A Monsieur Baguet,
Souvenir bien affectueux de son collègue
Anatole Fauglis

INSTITUT DE FRANCE.

ÉLOGE
DE
BOURDALOUE

DISCOURS
AUQUEL L'ACADÉMIE FRANÇAISE A DÉCERNÉ
LE PRIX D'ÉLOQUENCE

Dans sa séance publique annuelle du 13 août 1874.

PAR

ANATOLE FEUGÈRE
Professeur de rhétorique au collége Stanislas.

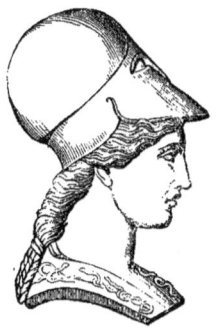

PARIS
TYPOGRAPHIE DE FIRMIN DIDOT FRÈRES, FILS ET Cie
IMPRIMEURS DE L'INSTITUT DE FRANCE, RUE JACOB, 56

MDCCC LXXIV

INSTITUT DE FRANCE.

ÉLOGE
DE
BOURDALOUE

DISCOURS

AUQUEL L'ACADÉMIE FRANÇAISE A DÉCERNÉ

LE PRIX D'ÉLOQUENCE

Dans sa séance publique annuelle du 13 août 1874.

PAR

ANATOLE FEUGÈRE

Professeur de rhétorique au collège Stanislas.

> Quem non modo regum oratorem, sed et
> oratorum regem prædicavit Gallia.
> (Le P. de la Sante.)

Un homme que le plus beau siècle de la littérature et du goût a salué du nom de grand; un prédicateur qu'ont entendu et applaudi les Bossuet, les Sévigné, les Boileau, les la Bruyère; un religieux dont les exemples n'étaient pas moins éloquents que les discours, et qui a désarmé jusqu'aux rancunes jansénistes de Saint-Simon : un tel homme n'a pas besoin pour sa gloire de nos tardifs éloges, et tant d'illustres témoignages de l'admiration qu'il excita suffiraient à son panégyrique. Mais, de notre temps, cette admiration même n'est plus bien comprise, et beaucoup sont plus enclins à s'en étonner qu'à la partager. Le nom de Bourdaloue reste célèbre ; mais on lit peu ses œuvres : on conserve pour sa mémoire un respect convenu, pour son talent une froide et vague estime, dont souvent les motifs échappent à ceux mêmes qui en continuent la tradition. La critique, si disposée de nos jours à mettre en pleine lumière tous les orateurs ou les écrivains qui le méritent, et quelquefois ceux qui ne le méritent pas, s'est rendue complice de ce demi-abandon, qui prouve moins peut-être contre Bourdaloue que contre nous-mêmes. Tandis que Bossuet, que Massillon, que Fléchier, et d'autres plus obscurs, sont tour à tour le sujet d'ouvrages considérables, Bourdaloue n'obtient pas toute l'attention que son grand nom sollicite : quelques études, excellentes parfois, mais courtes et rares, semblent épuiser l'intérêt que peut offrir aux lecteurs d'aujourd'hui un prédicateur jadis si fameux.

Nul pourtant n'a plus honoré la parole humaine par l'admirable et saint usage qu'il en a fait, la religion par la pureté de sa doctrine et l'efficacité de son apostolat, la littérature française par la supériorité qu'il lui a conservée dans un genre où elle reste sans rivale. Non, ce qui a retenu plus de trente ans au pied de la chaire de Bourdaloue l'auditoire le plus brillant qui fut jamais, ce n'est pas un caprice de la mode : c'est d'abord cette grande puissance de l'orateur sans laquelle il n'y a point de succès durable, et que le génie même, grâce à Dieu, ne saurait remplacer, je veux dire, l'autorité du caractère et de la vertu; c'est ensuite l'austère beauté d'une éloquence qui dédaigne toute vaine parure et ne procède que de la raison; c'est aussi la haute sagesse de cet enseignement chrétien, étranger aux spéculations stériles, toujours solide, pratique, mesuré; c'est enfin la vérité de ces peintures morales, où Bourdaloue, juge sévère, mais équitable, de son siècle, unit à la sagacité pénétrante de l'observateur la courageuse liberté de l'apôtre.

I.

Bourdaloue serait peut-être moins délaissé, si l'obscurité de sa vie ne décourageait la curiosité critique de notre temps. La méthode biographique est devenue parmi nous l'objet de préférences souvent légitimes, mais parfois exclusives. L'écrivain ne nous suffit plus : nous voulons connaître l'homme. Nous aimons à enfermer l'œuvre d'un auteur dans le cadre d'une vie mêlée d'affaires et remplie d'événements : quand ce cadre manque, la plus belle toile du monde ne fixe pas nos yeux distraits. Or, tous ceux qui ont parlé de Bourdaloue en ont fait la remarque, il n'a pas de biographie et n'en saurait avoir. Le meilleur éloge qu'on puisse faire de cette pieuse et uniforme existence, c'est de reconnaître qu'elle ne se laisse pas raconter. Quand on a dit avec un de ceux qui ont le plus goûté Bourdaloue (1) : « Il prêcha, il confessa, il consola, puis il mourut, » on a tout dit. Ce saint religieux a si bien gardé l'humilité de son état, qu'il échappe même à l'histoire.

---

(1) M. Vinet, *Mélanges*, article sur Bourdaloue.

Toutefois les soins pieux de ceux qui l'avaient connu, de Mme de Pringy, sa pénitente, du P. Martineau, son supérieur, du P. Bretonneau, l'éditeur de ses œuvres, et de Lamoignon, son ami, ont conservé le souvenir de cette vie passée à faire le bien ; et les pages peu nombreuses, mais souvent expressives, qu'ils ont consacrées à Bourdaloue, esquissent les principaux traits de son caractère et gardent le parfum de ses vertus.

Louis Bourdaloue naquit à Bourges, dans les derniers jours du mois d'août 1632, d'une des familles les plus honorables et les plus chrétiennes de la magistrature du Berry. Son père, Étienne Bourdaloue, conseiller au présidial de Bourges, dont il devint plus tard le doyen, avait acquis de la réputation dans sa province « par une grâce singulière à parler en public » (1).

Le jeune Bourdaloue fut élevé pieusement par sa mère, femme d'un esprit distingué, qui eut le bonheur de connaître toute la gloire de son fils, et qui, presque nonagénaire, le précéda de peu dans la tombe. Il n'eut qu'une sœur, qui épousa M. de Chamillart-Villate, l'oncle du futur ministre de Louis XIV.

Dès son enfance, on remarqua chez lui les plus heureuses dispositions pour l'étude. Mais la précocité, ce don si souvent perfide de la nature, n'eut point pour lui de périls : car il joignait à la promptitude et à la facilité de l'intelligence beaucoup de droiture dans le jugement et de sérieux dans l'esprit. Sa piété, tout de suite vive et ardente, fut aussi de bonne heure raisonnée et réfléchie.

---

(1) *Préface* du P. Bretonneau.

Le Berri avait alors pour gouverneur Henri II de Bourbon, prince de Condé, celui-là même dont Bourdaloue prononcera en 1683 la tardive oraison funèbre. Alors, rendant lui-même témoignage de l'amour que le prince savait inspirer aux peuples, l'orateur évoquera le touchant souvenir de ses premières années (1).

Quoiqu'il ait eu pour fille Mme de Longueville, fort janséniste après avoir été plus que mondaine, Henri II de Bourbon aimait les jésuites. Sa bienveillance et sa protection leur assurèrent une grande prospérité dans le Berri. Des nombreux colléges qu'ils avaient en France, celui de Sainte-Marie de Bourges était un des plus florissants. C'est à ce collége que le grand Condé fit ses études et soutint brillamment ses thèses de philosophie. Le prince de Conti, son frère, que Henri II de Bourbon destinait à l'Église, y fit également sa théologie (2). Étienne Bourdaloue, qui avait de grandes prétentions à la noblesse, et qui voulait donner à son fils une éducation digne de sa naissance, ne manqua pas de l'envoyer à un collége fréquenté par des princes.

Bourdaloue vit donc dès son jeune âge les jésuites en crédit dans sa ville natale. Il aima en eux ses premiers maîtres. Quand il se sentit appelé à la vie religieuse, ce fut vers l'ordre de Saint-Ignace que sa pensée se tourna naturellement et sans balancer.

Fit-il part de sa vocation à son père, et celui-ci opposa-t-il quelque résistance? On le soupçonnerait sans peine, alors même que le P. Bretonneau ne nous le don-

---

(1) Édition de Versailles, t. XIII, p. 311.
(2) M. Cousin. *La Jeunesse de madame de Longueville*, p. 69.

nerait pas discrètement à entendre. Étienne Bourdaloue n'avait que ce fils ; il voyait en lui l'espoir de sa race, et le destinait au monde. Cette fois, d'ailleurs, l'opposition paternelle était légitime et sage : une vocation si précoce semblait avoir besoin de se mûrir.

Mais le jeune Bourdaloue n'était pas de ces natures enthousiastes et mobiles auxquelles les premières ardeurs de la piété inspirent une vocation d'attrait dont le moindre obstacle émousse l'aiguillon. Les vraies vocations au contraire se fortifient par ces refus qui les éprouvent sans les entamer. Mais alors elles se réfugient dans un silence ombrageux et se nourrissent de réflexions solitaires. Docile à l'appel de Celui qui s'est nommé lui-même le Dieu jaloux, l'âme s'arme de défiance contre les affections de la famille, jalouses aussi, et ne songe plus qu'aux moyens d'échapper à la double entrave de l'autorité et de la tendresse. Rebuté par son père, Bourdaloue ne dit plus rien de ses projets ; mais il se fit l'application littérale de cette parole de l'Évangile : « Quiconque quittera pour me suivre sa maison, son père et sa mère, recevra le centuple (1). » Un jour de l'année 1648, il disparut clandestinement de la maison paternelle. Il était allé à Paris, et avait couru s'enfermer au noviciat des jésuites. Son père alla l'y chercher, l'en fit sortir d'autorité, et le ramena à Bourges.

On a cru retrouver l'écho lointain de ces luttes domestiques dans le sermon *sur les Devoirs des pères par rapport à la*

---

(1) Le passage de l'Évangile (Matth. c. xix) d'où sont tirées ces paroles sert de texte au sermon de Bourdaloue sur le *Renoncement religieux*, t. XIII, p. 175.

vocation de leurs enfants, où Bourdaloue s'élève contre « les longues et insurmontables résistances » de parents qui ne craignent pas d'être « aux prises avec Dieu » (1). Sans vouloir rechercher si les souvenirs personnels du religieux se mêlent dans ce discours aux avertissements généraux que fait entendre le prédicateur, il est du moins permis de croire que Bourdaloue, pour convaincre son père, se prévalut avec respect des mêmes raisons qu'il devait plus tard développer avec autorité du haut de la chaire chrétienne. Sa persévérance inébranlable finit par dissiper tous les doutes et par désarmer toutes les résistances. Avant la fin de 1648, il rentrait au noviciat de Paris, d'où il avait été arraché quelques mois auparavant. Cette fois, c'était son père même, désormais soumis et résigné, qui le ramenait.

On le voit, jamais vocation ne fut plus constante, plus sûre d'elle-même. Jamais aussi religieux ne trouva dans l'état qu'il avait choisi un contentement plus vif, plus pur et plus soutenu. On rencontre dans plusieurs discours de Bourdaloue l'expression souvent émue de cette joie paisible et pleine que la vie religieuse réserve aux vocations satisfaites. « Quoique je ne puisse savoir avec assurance si je suis en grâce et digne d'amour, dit-il dans son sermon *sur la Paix chrétienne* (2), permettez-moi néanmoins, Seigneur, de faire ici cette confession publique. Je ne sais si vous êtes content de moi, et je reconnais même que vous avez bien des sujets de ne l'être pas ; mais pour moi, mon Dieu, je dois confesser à votre gloire que je suis content

---

(1) Dominicales. *Premier dim. ap. l'Épiphanie*, première partie, t. V, p. 15.
(2) *Dimanche de Quasimodo*, fin, t. IV, p. 324.

de vous, et que je le suis parfaitement. » Animé d'une affection filiale pour un ordre auquel il fait profession « de devoir tout » (1), il eut toujours le vif désir d'honorer la Société de Jésus, de la défendre et de la venger.

On ne saurait refuser à cette Société l'art de connaître les hommes, de discerner et d'éprouver leurs aptitudes. Mais l'extraordinaire facilité de Bourdaloue dans tous les travaux de l'esprit rendait pour lui ce discernement malaisé. On put se demander un instant si ce jeune religieux n'était pas un géomètre de grand avenir, tant il apportait dans les mathématiques de promptitude à comprendre et de sûreté à raisonner.

Fort jeune encore, il fut chargé d'enseigner l'enfance. Selon l'usage de la Compagnie, il professa successivement toutes les classes, celles de grammaire d'abord, puis les humanités et la rhétorique. La pratique de l'enseignement fut une école excellente pour le futur prédicateur. Il y connut par l'expérience de chaque jour quelles règles il faut suivre pour graver dans l'esprit ce qu'on veut qu'il retienne, l'efficacité de la méthode, la nécessité de tout expliquer, de tout éclaircir, de distinguer avec netteté ce qui pourrait être confondu, de revenir souvent sur le même objet pour en donner une intelligence complète, de fortifier toujours les maximes générales par des applications particulières, les préceptes par des exemples. Bourdaloue gardera dans la chaire sacrée ces qualités du professeur, et l'on comprend que ses supérieurs aient

---

(1) Panégyriques. *Sermon pour la fête de saint Ignace de Loyola*, t. XIII, p. 55.

considéré d'abord l'enseignement comme le meilleur emploi des facultés d'un esprit si solide et si méthodique, si net et si précis.

Il nous est parvenu un monument de l'enseignement de Bourdaloue ; c'est une *rhétorique* écrite en latin par un de ses élèves, et sous sa dictée. Ce petit traité, naguère traduit en français (1), ne se distingue pas sans doute par des vues personnelles et neuves. Mais il faut y remarquer avec quel soin le professeur dégage les notions importantes de toutes les surcharges et curiosités inutiles, n'insiste que sur l'essentiel, resserre les définitions abstraites, s'efforce enfin de rendre son enseignement tout à la fois simple et pratique. En outre, de hautes idées morales relèvent ces leçons techniques ; Bourdaloue veut inculquer à ses élèves cette maxime, que pour bien parler il faut bien vivre, et leur répète souvent la définition antique qu'il devait lui-même admirablement réaliser : *Orator vir bonus dicendi peritus*.

Après la rhétorique, Bourdaloue professa la philosophie. Puis enfin, il aborda l'enseignement qui lui convenait le mieux, et auquel, à vrai dire, il consacra sa vie tout entière, celui de la théologie morale. Il lut, compara, approfondit les Pères et les Docteurs. Doué d'une merveilleuse mémoire jointe à ce génie de la méthode qui classe et coordonne toutes les connaissances, il amassa un riche trésor d'érudition ecclésiastique.

Bourdaloue n'avait pas trente ans lorsqu'une occasion

---

(1) Par M. Aug. Profillet, professeur agrégé de l'Université, chez Eugène Belin, 1864.

imprévue découvrit tout à coup l'emploi que le talent et la science déjà si vaste du jeune maître de théologie morale pouvaient trouver sur un plus grand théâtre. Un prédicateur étant tombé malade au milieu d'une retraite, on chargea Bourdaloue de le remplacer. Son succès fut éclatant. Ses supérieurs jugèrent aussitôt que ce n'était pas seulement une inspiration passagère, une rencontre heureuse. Ils consacrèrent désormais Bourdaloue au ministère de la parole, et, pour achever de le former, lui confièrent d'abord pendant dix ans des missions en province.

Dans la ville d'Eu, Bourdaloue prêcha devant la grande Mademoiselle, et réussit à gagner les suffrages de cette bizarre et mélancolique princesse, qui mêla durant toute sa vie aux plus naïves chimères de l'illusion les ennuis d'un perpétuel désenchantement. Elle ne se désenchanta pas de Bourdaloue, et quelques années plus tard, elle désira qu'il reçût ses derniers aveux et son dernier soupir.

A Rouen, les sermons de Bourdaloue attirèrent une foule immense. « Tous les artisans quittaient leur boutique pour l'aller entendre, les marchands leur négoce, les avocats le palais, les médecins leurs malades. » Et le P. d'Harouis, qui rendait à Bourdaloue ce témoignage désintéressé (1), ajoutait avec bonhomie : « Pour moi, lorsque j'y prêchai l'année d'après, je remis toutes choses dans l'ordre ; personne n'abandonna plus son emploi. »

Bourdaloue séjourna encore dans d'autres villes, dans celle d'Amiens notamment, et à Bourges, sa ville natale.

---

(1) Voyez *Menagiana*, t, II, p. 34.

Partout son succès fut égal. On pouvait sans crainte l'appeler à Paris.

« Il y a ici un certain jésuite, natif de Bourges en Berri, fils du doyen des conseillers de ce présidial, nommé Bourdaloue, qui prêche aux jésuites de la rue Saint-Antoine, avec tant d'éloquence et une si grande affluence de peuple, que leur église en est plus que pleine. Son père était parti de Bourges, pour le venir entendre prêcher à Paris, mais il est mort en chemin. Ces bons Pères de la Société le prêchent à Paris comme un ange descendu du ciel. » Ainsi s'exprimait, dans une lettre du 14 janvier 1670, et non sans trahir sa mauvaise humeur, le bourgeois Gui Patin. Ennemi acharné des jésuites, il semble prévoir d'instinct ce que sera pour eux Bourdaloue, la revanche des *Provinciales*.

On voit quel fut, dès ces premiers sermons prêchés encore dans une chapelle de l'ordre, le retentissement de la prédication de Bourdaloue. L'élite de la ville et beaucoup de personnes de la cour s'y empressèrent. Mme de Sévigné, qui habitait au Marais, profita du voisinage, et vit naître la gloire de ce « grand Pan » qui devait rester jusqu'à la fin une de ses plus vives admirations.

L'année 1670 le vit débuter à la cour. Il y prêcha l'Avent et, selon l'expression de Mme de Sévigné, s'en acquitta « divinement bien » (1). Il poursuivit les années suivantes cette longue carrière apostolique qui ne devait se terminer qu'après la fin du siècle, prêchant les *Avents* et les *Carêmes* tour à tour devant le roi et dans les principales

---

(1) Lettre du 3 décembre 1670.

paroisses de Paris, tantôt « faisant trembler les courtisans (1) » dans les chapelles de Saint-Germain, de Versailles ou des Tuileries, tantôt attirant aux églises où retentissait sa parole un si grand concours, que les carrosses y venaient plusieurs heures d'avance, et que le commerce était interrompu dans les rues avoisinantes (2). « Si nous n'avons pas bien fait nos Pâques, ce n'est vraiment pas sa faute, écrivait encore en 1683 (3) Mᵐᵉ de Sévigné, qui l'avait entendu tout le carême à Saint-Paul, sa paroisse. Jamais il n'a si bien prêché que cette année, jamais son zèle n'a éclaté d'une manière si tromphante. »

Le zèle ! on ne saurait en effet le concevoir ni plus ardent ni plus pur. Loin de se réserver exclusivement pour le royal auditoire qui fut tant de fois suspendu à ses lèvres, Bourdaloue ne consacrait pas aux stations qu'il prêchait ailleurs une préparation moins consciencieuse ni des efforts moins dévoués. Lorsque l'assistance était mêlée de grands seigneurs et de petites gens, il aimait à faire voir qu'il ne négligeait pas plus les uns que les autres : « Grands et petits, riches et pauvres, car je suis redevable à tous, écoutez-moi (4). » Et après avoir fait entendre aux premiers le langage de la rigueur et de la menace, quand il se tournait vers les seconds, sa parole prenait aussitôt un accent de douceur et de paternel intérêt (5). Lui-même avait soin de marquer que ce contraste du ton n'était pas

---

(1) Mᵐᵉ de Sévigné, lettre du 5 février 1674.
(2) Mᵐᵉ de Sévigné, lettre du 27 février 1679.
(3) Lettre du 20 avril 1683.
(4) Mystères. *Premier sermon sur la Purification de la Vierge*, t. XI, p. 107.
(5) *Ibid.*, p. 109.

involontaire. « Quand je prêche ailleurs la parole de Dieu, disait-il à la cour, il me suffit de dire à ceux qui m'écoutent : « Infortunés que vous êtes, vous avez abandonné la loi de votre Dieu, et c'est ce qui vous a perdus. » Mais parlant aujourd'hui à des grands du monde, je leur fais un reproche encore plus terrible... (1)

Ainsi, se faisant tout à tous, il variait, il proportionnait l'enseignement chrétien, selon la condition, le degré d'intelligence et de culture de ceux qui devaient le recevoir. Dans les humbles paroisses de village, où ce prédicateur ordinaire du roi ne dédaignait pas d'aller annoncer la parole de Dieu, il étonnait par la clarté familière de ses instructions. « C'est donc là ce fameux prédicateur de Paris, disaient les paysans : nous avons compris tout ce qu'il a dit. » L'expression naïve de cette déconvenue était une critique dans la bouche de ces braves gens, qui ne se croyaient pas en droit d'admirer ce qu'ils comprenaient : à nos yeux, c'est un éloge également rare et touchant.

En 1685, après la révocation de l'Édit de Nantes, une importante mission fut confiée à Bourdaloue. Il devait prêcher l'avent à la cour. Mais Louis XIV jugea que son éloquence serait plus utilement consacrée au rétablissement de l'unité de religion dans le royaume. « Les courtisans, dit-il à Bourdaloue, entendront peut-être des sermons médiocres, mais les Languedociens apprendront une bonne doctrine et une belle morale (2). » Bourdaloue partit pour Montpellier.

---

(1) Mystères. *Premier sermon sur la Purification de la Vierge*, t. XI, p. 114.
(2) Journal de Dangeau, mardi 16 octobre.

Il se trouvait ainsi jeté au cœur même du pays ennemi. Montpellier semblait la capitale du protestantisme concentré au midi de la France, et c'était un honneur aussi flatteur que périlleux, d'y être alors envoyé. Bourdaloue s'acquitta de sa tâche délicate avec succès, fit de nombreuses conversions, et eut le bonheur de ramener beaucoup de ses adversaires, sans en blesser ni en aigrir aucun. Il dut des résultats si précieux non-seulement à la force convaincante de sa prédication, mais à la confiance qu'il sut inspirer, et à ce zèle de charité qui échauffait et parfois même attendrissait sa vigoureuse dialectique.

Cette sollicitude pour le bien des âmes, jointe à l'intrépidité de ses censures quand il s'adressait à la cour, fit de Bourdaloue, aux yeux de ses contemporains, le parfait modèle des vertus apostoliques. Comme son habit de religieux l'excluait de toutes les dignités ecclésiastiques, il ne pouvait être suspect d'ambition personnelle, ni de vues intéressées : avantage précieux dans un temps où les prédicateurs, selon le mot de la Bruyère, cherchaient, par leurs discours, des évêchés (1).

Mais l'habit de religieux ne mettait pas Bourdaloue à l'abri des soupçons d'intrigue et de politique dont on était alors si prodigue envers tous ceux de son ordre : sa vertu seule l'en préserva. Par l'inflexible droiture de son caractère, comme par l'irréprochable pureté de sa vie, il força l'estime et le respect même des plus prévenus. Sa réputation, ses amitiés, son crédit auprès du roi et de Mme de Maintenon, qui le mirent dans le secret de leur ma-

---

(1) De la chaire.

riage (1), lui permettaient sans aucun doute d'exercer une grande influence sur les affaires de son temps. Il s'en défendit avec soin. Trop sage pour rechercher le commerce des grands, ou pour le fuir, il resta supérieur à toutes les cabales, et nul ne l'a jamais accusé de s'être ingéré en rien dans la politique humaine.

C'est pourtant une légère exagération de dire, comme le cardinal de Bausset (2), que Bourdaloue ne connut « ni ennemis, ni détracteurs ». Sa prédication était trop militante, il attaquait trop librement toutes les erreurs et tous les vices pour n'être point à son tour attaqué. Comment appuyer sur tant de plaies, et d'une main si vigoureuse, sans faire quelquefois crier les patients?

Ceux qui crièrent d'abord, et très-haut, ce furent les jansénistes. Ils n'étaient pas hommes à supporter les coups en silence. Un jour que Bourdaloue s'élevait contre les sévérités indiscrètes et outrées de certains directeurs, on vit la princesse de Conti témoigner par ses gestes en pleine église que ce langage la scandalisait (3). Quelques années plus tard, dans un mémoire qui devait être présenté au roi par Mme de Longueville, une dénonciation haineuse et violente était dirigée contre Bourdaloue, « célèbre, disait l'auteur, par ses prédications, et plus célèbre encore, s'il se peut, par son zèle amer et par ses emportements (4). »

---

(1) V. la *Correspondance générale* de Mme de Maintenon, publiée par M. Lavallée, t. III, p. 135 et 156.

(2) *Histoire de Bossuet*, t. I, p. 137.

(3) *Difficultés sur le livre des Éclaircissements*, etc..., œuvres complètes d'Arnauld, t. XXVI, p. 176.

(4) *Mémoire touchant les infractions de la paix de Clément IX*, au tome XXV des œuvres complètes d'Arnauld.

Ces récriminations restèrent sans écho. Il en fut de même d'autres attaques dont Bourdaloue se vit l'objet à la cour, et qui paraissent lui avoir été fort sensibles. Les hardiesses de son sermon *sur l'Impureté* (1), où il rend les femmes responsables de tous les désordres qui déshonorent le christianisme, ne furent point du goût des dames de la cour ; elles s'en plaignirent avec aigreur. Quelques jours plus tard, prêchant *sur la conversion de Madeleine* (2), Bourdaloue saisit l'occasion de se justifier dans un langage plein de dignité, mais où l'on sent l'amertume d'une âme vive et droite que des calomnies intéressées cherchent à noircir.

L'estime que Bourdaloue inspirait à Louis XIV était trop profonde pour se laisser ébranler par les accusations mesquines ou par les insinuations perfides. « Le prédicateur a fait son devoir, répondait le monarque ; c'est à nous de faire le nôtre. » Et réservant à Bourdaloue un honneur que n'obtint aucun autre de ses prédicateurs ordinaires, il témoigna le désir de l'entendre tous les deux ans. « J'aime mieux vos redites, lui disait-il, que les choses nouvelles des autres. »

Mme de Montespan goûtait moins Bourdaloue. Elle était bien forcée de partager une admiration que professaient les meilleurs juges, et dont elle n'aurait pu se départir ouvertement sans déplaire au roi, mais elle admirait de mauvaise grâce. A l'entendre, « le P. Bourdaloue prêchait assez bien pour la dégoûter de ceux qui prêchaient, mais

---

(1) Carême. *Dimanche de la troisième semaine*. « *Ne vous offensez pas, mesdames,* » etc..., t. III, p. 85.

(2) Carême. *Jeudi de la cinquième semaine*, t. IV, p. 95-96 et p. 104.

non pas assez bien pour remplir l'idée qu'elle avait d'un prédicateur. » Nous ne sommes pas dupes de cette réserve dédaigneuse, où il entre plus d'affectation que de désintéressement. Fort jalouse d'un ascendant qui devait lui échapper dès que la religion aurait repris l'empire dans l'âme de son royal amant, l'altière maîtresse avait bien des motifs de craindre Bourdaloue. On sait la libre réponse que le clairvoyant prédicateur fit un jour au roi après une fausse retraite de la favorite : « Mon Père, lui disait Louis XIV, vous devez être content de moi, Mme de Montespan est à Clagny. — Oui, Sire, repartit Bourdaloue ; mais Dieu serait bien plus content, si Clagny était à soixante-dix lieues de Versailles. » Peut-être Bourdaloue aurait-il mieux rempli l'idée que Mme de Montespan se faisait d'un prédicateur, s'il n'avait pas dit ce mot-là : et ce mot-là ne fut pas le seul.

Mme de Maintenon n'avait pas les mêmes raisons que Mme de Montespan de mesurer l'éloge à Bourdaloue. Sa confiance en lui était entière. Elle voulut même le prendre pour directeur. Mais il fallait avoir beaucoup de loisirs pour diriger Mme de Maintenon. Bourdaloue craignit de se charger de cette conscience scrupuleuse et envahissante. Il répondit à Mme de Maintenon qu'il ne pourrait la voir que tous les six mois, à cause de ses sermons. Elle dut se résigner à ne recevoir de lui qu'une direction générale, qu'il exerçait de loin (1).

Ce n'était pas en effet une vie oisive que menait Bour-

---

(1) Voy. dans la *Correspondance générale* de Mme de Maintenon, publiée par M. Lavallée, les notes des dames de Saint-Cyr au sujet de la lettre de Bourdaloue du 30 octobre 1688.

daloue. La préparation de ses sermons, si complète et si minutieuse, ne prenait pas tout son temps ; la plus grande part peut-être en était réservée à la confession. Bourdaloue passait souvent au confessionnal cinq ou six heures de suite. Lui qui ne consentait pas à diriger l'épouse secrète du grand roi, il prodiguait avec condescendance aux humbles qui avaient besoin de son ministère toutes les lumières de la prudence et toutes les consolations de la charité.

Cependant les pénitents et les pénitentes illustres ne lui manquaient pas. Il semble même que Bourdaloue eut, comme directeur, une place à part dans la haute société du dix-septième siècle. On ne saurait méconnaître que, par l'effet d'une partialité malheureuse, avoir un confesseur jésuite devint, dans la seconde partie du règne, comme une condition nécessaire pour conserver la faveur royale. Quiconque ne se confessait pas à un Père, tout au moins à un ami déclaré de la Société, devenait suspect de jansénisme, crime irrémissible auprès du roi. Mais par un autre préjugé, et par une réaction bien naturelle, beaucoup d'âmes nourrissaient contre les jésuites d'invincibles défiances. On les soupçonnait de facilités excessives pour les pécheurs, de complaisances calculées. Deux jésuites avaient été tour à tour confesseurs du roi pendant la longue période de ses désordres. On ne savait pas qu'ils avaient plus d'une fois refusé d'absoudre le prince adultère, on ignorait l'histoire de leurs luttes et de leurs résistances, et l'on voyait seulement ce qu'ils n'avaient pu empêcher. Des jésuites dirigeaient encore le frère du roi et les autres princes, dont plusieurs continuaient à donner le scandale des mœurs les plus dissolues. A tort sans doute, on se faisait un grief contre les confesseurs des fautes trop publiques de leurs pénitents, et ceux qui voulaient rester chrétiens sans cesser d'être courtisans se croyaient souvent réduits à cette terrible alternative, de perdre leur crédit à la cour, ou de compromettre le salut de leur âme. Le seul nom de Bourdaloue conciliait ces exigences opposées. Bourdaloue était jésuite et sévère : on s'adressait à lui de préférence, sûr de ne déplaire ainsi ni à Dieu, ni au roi.

Où trouver d'ailleurs plus de pureté dans la doctrine et dans la vie, plus de sagesse et d'expérience en matière de spiritualité comme en matière de morale ? Aussi avait-on recours à ses lumières dans les doutes, dans les situations délicates, ou quand la conscience éprouvait le besoin tardif de régler des comptes depuis longtemps en souffrance. Lorsqu'un Pomenars, un vieux libertin, près d'affronter une opération dangereuse, rude châtiment de ses longues débauches, prenait la précaution de se réconcilier avec Dieu, il allait trouver Bourdaloue. « Ah ! c'était une belle confession que celle-là, s'écrie Mme de Sévigné ; il y fut quatre heures..... Il y avait huit ou dix ans qu'il n'y avait été. » Combien d'autres « belles confessions » de ce genre Bourdaloue n'a-t-il pas entendues !

Nulle part il n'était plus admirable qu'au chevet des mourants. De toutes les œuvres de charité, celle qui excitait davantage son zèle, c'était la visite des malades. Riches ou pauvres, il aimait à les fréquenter, les consolait, et quand ils commençaient d'être en danger, les préparait à la mort avec un incomparable mélange de fermeté et de douceur, joignant aux plus délicats ménagements pour leur faiblesse une active vigilance pour les intérêts de l'éternité.

Une mission souvent plus pénible encore que d'annoncer aux hommes leur propre fin, c'est de leur apprendre la mort de ceux qui leur sont chers. Bourdaloue remplit plus d'une fois ce douloureux devoir. Quand un malheur soudain venait de frapper une famille, quand une mère, par exemple, ignorait encore que son fils était tombé sur le champ de bataille, Bourdaloue, se faisant le messager de ces nouvelles déchirantes, adoucissait par l'onction chrétienne ces coups terribles qui dévastent l'âme, et si souvent ébranlent la foi en révoltant la nature.

Un grand fonds de bonté compatissante, mais franche et sans faiblesse, inspirait toute sa conduite. Affable à tous, il eut beaucoup d'amis, et ceux qui lui survécurent gardèrent à son souvenir une tendre fidélité. Intimement lié avec le premier président de Lamoignon, et avec son fils, il les visitait souvent, soit à leur hôtel de Paris, situé au Marais, fort près de la maison professe, soit à leur jolie habitation de Bâville. Libérale, étrangère à toute coterie étroite, cette noble famille, où la distinction de l'esprit et le goût des lettres étaient héréditaires comme la probité et la religion, réunissait dans une libre hospitalité les plus célèbres écrivains du temps, et les plus divers, depuis les constants amis de Port-Royal, jusqu'aux Pères de la Société. Bourdaloue y rencontra plus d'une fois Mme de Sévigné, Racine, Regnard, Santeul, Boileau.

Lorsque Santeul s'attira par une épitaphe trop élogieuse du grand Arnauld la colère de plusieurs jésuites trop susceptibles, ce fut Bourdaloue qui, par son bon sens et son esprit conciliant. dissipa tout cet orage (1).

Avec Boileau, Bourdaloue n'était pas toujours aussi accommodant. L'estime et l'attrait qu'ils ressentaient l'un pour l'autre n'empêchaient pas entre eux de fréquentes disputes. Bourdaloue avait une grande vivacité d'humeur, aimable et léger défaut dont il ne put tout à fait se corriger. Boileau était très-vif aussi, un peu grondeur, et jamais ne lâchait pied dans la discussion. Il se plaisait même à pousser son interlocuteur, forçant sa propre pensée, et simulant plus de colère qu'il n'en ressentait. Rien ne l'amusait plus que de lancer quelque trait malin contre les casuistes de la société, en présence de Bourdaloue, et pour le provoquer. Souvent Bourdaloue ne faisait qu'en rire : quelquefois il se piquait au jeu. Boileau redoublait alors, en appelait à saint Augustin, à la théologie. Bourdaloue le renvoyait à ses vers. Boileau criait plus fort et n'entendait rien. « Il est bien vrai que tous les poëtes sont fous ! s'écriait Bourdaloue impatienté. — Je vous l'avoue, mon Père, répliquait Boileau dans un plaisant transport ; mais pourtant, si vous voulez venir avec moi aux Petites-Maisons, je m'offre de vous y fournir dix prédicateurs contre un poëte, et vous ne verrez à toutes les loges que des mains qui sortent des fenêtres, et qui divisent leurs discours en trois points (2). »

Ces boutades n'altérèrent en rien la forte et virile amitié

---

(1) *Santoliana*. — Lettres de Bourdaloue à Santeul, reproduites au t. XVI de l'édition de Versailles.
(2) Lettre de Brossette à Boileau du 8 mars 1706. — Réponse de Boileau du 12 mars.

de ces deux hommes si bien faits pour se comprendre.
Quand Boileau composa son épître de l'*Amour de Dieu*,
tant admirée de Bossuet, il ne manqua pas de consulter
Bourdaloue. Prendre au sérieux la plaisante saillie de ce
dernier : « S'il me met dans ses satires, je le mettrai dans
mes sermons, » c'est faire un lourd contre-sens. Boileau
lui-même a dit le dernier mot sur les sentiments de mu-
tuelle affection qui l'unirent à Bourdaloue. Après la mort
de celui-ci, la présidente de Lamoignon envoya au poëte
le portrait du prédicateur. Le poëte répondit par quelques vers touchants, où il associe au nom de Bourdaloue
celui d'Arnauld, et, sans désavouer la prédilection qu'il
eut toujours pour le célèbre docteur, les confond tous
deux dans les mêmes regrets.

> J'ai connu Bourdaloue, et, dès mes jeunes ans,
> Je fis de ses sermons mes plus chères délices.
> Mais lui, de son côté, lisant mes vains caprices,
> Des censeurs de Trévoux n'eut point pour moi les yeux.
> Ma franchise surtout gagna sa bienveillance.
> Enfin, après Arnauld, ce fut l'illustre en France
> Que j'admirai le plus et qui m'aima le mieux.

Nommons encore un ami de Bourdaloue, le savant
Daniel Huet, autrefois évêque d'Avranches, qui, retiré à la
maison professe de la rue Saint-Antoine, vivait dans la
familiarité de Bourdaloue et fut inconsolable de sa mort.
« Bourdaloue, dit-il dans une page émue de ses *Mémoires*,
le plus grand prédicateur de son temps, et l'homme qui
me fut le plus cher, soit à cause de son extrême bienveillance pour moi, soit à cause de la candeur de son âme, au
fond de laquelle on lisait, tant elle était transparente et

pure! Nul n'était plus aimable, d'un esprit plus charmant, d'une gaieté plus sympathique (1). »

Ces sentiments furent partagés par tous ceux qui fréquentèrent Bourdaloue. La lettre de Lamoignon, celle du P. Martineau louent également sa franchise, sa simplicité, la bonté de son cœur, la sûreté de son commerce, et témoignent qu'il n'était pas possible de l'approcher sans l'aimer, pas plus que de l'entendre sans l'admirer.

Doué de tant de qualités si capables de gagner les cœurs, Bourdaloue resta pourtant inaccessible à la vanité comme à la dissipation. C'était toujours aux intérêts de Dieu et de la vérité qu'il songeait, même quand il se mêlait au monde. Combien de préjugés peut-être il a fait évanouir, combien d'âmes il a doucement disposées aux résolutions sérieuses et aux décisifs retours, dans la familiarité de simples entretiens, sous les ombrages de Bâville ! Ses dehors mêmes, ses allures ouvertes, la sincérité de son accent, son enjouement toujours contenu dans les bornes que son caractère et son habit lui défendaient de franchir, exerçaient une influence salutaire sur tous ceux qui conversaient avec lui. J'aime à reconnaître sa propre image dans ce portrait qu'il a tracé lui-même du religieux tel qu'il doit se montrer dans le monde (2) :

« C'est particulièrement aux religieux que convient l'avis de l'apôtre, lorsqu'il disait aux premiers fidèles : Faites voir en tout votre modestie. Elle paraît dans l'air, dans le maintien, dans le geste, dans le ton de voix, dans les ter-

---

(1) *Mémoires* de Daniel Huet, traduits par M. Charles Nisard, p. 241.
(2) *Retraite spirituelle*, t. XVI, p. 175-177.

mes et les expressions, dans tout l'extérieur. Ce n'est pas qu'elle ait rien d'affecté ni de trop étudié..... Elle est honnête et affable, mais sans s'épancher tant au dehors, ni entrer en de si grandes agitations : elle n'est ni sauvage, ni mélancolique ; mais au milieu de sa joie et dans les démonstrations qu'elle en donne, elle ne perd rien de tout le sérieux qui la doit tempérer : elle ne demeure point dans un triste silence, mais elle ne cherche point aussi à tenir seule la conversation, ni à maîtriser tous ceux avec qui elle traite : elle dit simplement ce qu'elle pense, et laisse à chacun le loisir de s'expliquer à son tour, n'interrompant jamais, et toujours plus prête à écouter qu'à se faire entendre. »

Animé de ces sentiments, et, selon ses propres expressions, « portant partout la présence et la vue de Dieu », Bourdaloue allait dans le monde « comme l'ambassadeur d'un prince va dans un pays étranger »(1). Toujours aussi assidu à célébrer les saints mystères, il passait auprès du tabernacle les premiers et les plus heureux moments de sa journée. Il aimait à parer les autels de ses propres mains. La peinture pleine de vie et d'allégresse qu'il nous a laissée des processions du Saint-Sacrement (2) fait voir quel ravissement les grandes cérémonies du culte causaient à son âme.

Souvent il regretta de ne pouvoir, serviteur obscur, se livrer tout entier aux exercices du saint ministère, et aux pratiques continuelles d'une humble piété. Il se sentait

---

(1) *Pensées diverses sur l'état religieux*, t. XV, p. 175.
(2) *Essai d'Octave du Saint-Sacrement*, t. XV, p. 429-sq.

parfois succomber sous le poids de sa tâche. L'éclat de sa renommée l'effrayait sans l'exciter. « J'ai plus à me défendre du découragement que de la présomption, » disait-il lui-même. Enfin il demanda à ses supérieurs, dans une lettre simple et touchante (1), la permission d'accomplir ces vœux de retraite et de solitude qu'il caressait depuis si longtemps. La permission, d'abord accordée, fut retirée. Bourdaloue se soumit sans murmure ; mais ses forces n'étaient plus à la hauteur de son zèle.

Il prêcha son dernier sermon dans un couvent, pour une prise d'habit, un des premiers jours du mois de mai 1704. Le dimanche de la Pentecôte, 11 mai, quoique déjà fort affaibli, il dit encore la messe. Le soir, il tomba tout à fait malade. Il eut aussitôt la pensée que la maladie serait courte et mortelle ; il interrogea ceux qui l'entouraient, et voulut qu'on ne lui cachât rien. « Il faut maintenant, dit-il, que je fasse ce que j'ai tant de fois prêché et conseillé aux autres. » Il demanda les sacrements, les reçut avec une grande piété et témoigna à plusieurs reprises par des paroles toutes saintes le profond amour de Dieu qui l'animait. Le lundi soir, il perdit connaissance, et le lendemain, mardi 13 mai, à cinq heures du matin, il expira.

Sa fin couronnait dignement sa vie. Voué à l'état religieux depuis cinquante-six ans, et, depuis plus de quarante, au ministère de la parole, il mourait épuisé par la prédication et victime de l'obéissance.

---

(1) Le P. Bretonneau a cité cette lettre tout entière dans sa *Préface*.

II.

Tel fut l'homme. Considérons ce que fut l'orateur.

De toutes les qualités oratoires qui appartiennent à Bourdaloue, la plus apparente et la moins contestable, c'est la fécondité : non pas cette stérile abondance qui se concilie si aisément avec un talent médiocre, mais la fécondité véritable, rare privilége des esprits vigoureux, et qui l'emporte sur une vulgaire faconde autant que l'airain sur l'argile.

Célèbre au lendemain du premier sermon qu'il fit entendre à Paris, Bourdaloue prêcha presque sans interruption pendant trente-quatre ans, et, jusqu'au dernier jour, soutint sa renommée. Entre les discours qui nous restent, on peut justifier des préférences ; on ne saurait marquer une véritable inégalité, encore moins signaler des défaillances ; et ces discours, qui, sans doute, ne formeraient pas la moitié de ses œuvres complètes, si elles nous étaient parvenues, s'élèvent au nombre de cent cinquante, sans compter les dessins et les esquisses. Ce seul chiffre suffit à faire voir quelles étaient les ressources merveilleuses de ce puissant esprit.

On en jugera mieux encore si l'on veut comparer Bourdaloue à lui-même quand il traite à diverses reprises le même sujet. A voir combien chaque discours est compréhensif dans son ensemble, nourri et complet dans toutes ses parties, on croirait volontiers que Bourdaloue a épuisé la matière. Il n'en est rien. Que l'évangile du jour en ramène une autre fois l'occasion, Bourdaloue ne craindra pas d'aborder encore le même point de doctrine, et il saura, en se renouvelant, le traiter avec une égale force et une égale plénitude. D'ordinaire le point de vue général se trouvera tout à fait changé; le prédicateur s'engagera dans un ordre d'idées différent, inventera une combinaison toute neuve. Quelquefois, ce qui n'était qu'une partie, ou même qu'un détail, dans un sermon précédent, devient le germe de tout un discours. Bourdaloue se plaint fréquemment que le temps lui manque ; il voudrait insister davantage, développer plus longuement : «Quel champ, chrétiens, s'écrie-t-il, et quelle matière à nos réflexions ! — Cette pensée, pour être bien développée, demanderait un discours entier. » On est tenté de ne voir dans ces paroles que des formules vaines, des hyperboles convenues : Bourdaloue nous prouve qu'il faut les prendre à la lettre, tant il a le secret d'approfondir, d'étendre et de féconder un sujet.

Quelle que soit en effet la vérité qu'il annonce, ou la morale qu'il prêche, ou le vice qu'il combat, il explique, il éclaircit, il distingue, il réfute, remontant à des principes que souvent il ne se contente pas d'exposer, mais qu'il confirme par de fortes démonstrations, raisonnant tout, prouvant tout, revenant à deux ou trois reprises sur la même idée, pour la mettre, comme il le dit lui-même, dans un nouveau jour. Il ne peut se décider à quitter le point qu'il traite, qu'après avoir tout dit. « Avançons, » s'écrie-t-il enfin, comme pour s'exhorter lui-même.

Chaque sermon de Bourdaloue révèle cette fécondité de logique, cette *invention* riche et savante, qui découvre les arguments, les appuie sur des principes solides, les multiplie, les enchaîne, et fait du discours un ensemble à la fois si vaste et si compacte, un tissu si serré dans son ampleur. Aussi M. Villemain a-t-il pu dire de Bourdaloue, « qu'il avait retrouvé ce génie de l'invention qui formait la faculté dominante de l'orateur politique ou judiciaire, faculté peut-être plus rare que cette imagination de style, qui se rencontre quelquefois avec l'impuissance de saisir et d'enchaîner les parties diverses d'un ensemble unique ; » et c'est pourquoi encore l'éminent critique ne craint pas d'appeler l'art de Bourdaloue « un art prodigieux » (1).

La principale source de cette fécondité, c'est la méthode rigoureuse qui dirigeait le prédicateur dans la composition de ses sermons. Malgré la variété que la différence des sujets et des circonstances apporte dans la disposition particulière des divers discours, tous sont conformes à un certain type, parfaitement net et précis, tous se déroulent suivant un ordre identique. Texte emprunté le plus souvent à l'évangile du jour, et qui sert de point de départ au sermon, exorde qui amène le sujet, proposition qui le détermine, division qui l'ordonne, développement successif des deux ou trois points clairement indiqués à l'avance ; tout ce cadre général appartient sans doute au genre lui-même, non au prédicateur ; il est commun à tous les sermons, comme le partage en actes et en scènes à toutes nos œuvres dramatiques. Mais le propre de Bourdaloue est d'avoir donné à cette distribution du sermon toute sa valeur et une portée plus précise, d'avoir trouvé dans l'observation scrupuleuse et raisonnée des règles ordinaires une ressource au lieu d'un obstacle, de s'être

---

(1) Villemain. *Discours et mélanges*, chez Didier, p. 211.

en quelque sorte assimilé ces conditions du genre, si bien qu'elles sont devenues comme les lois mêmes de sa pensée. Tandis que pour chaque discours particulier, la rhétorique fait passer à bon droit l'invention avant la disposition, il appartenait à Bourdaloue de découvrir dans la forme propre du sermon comme une disposition plus générale et plus haute, qui précède et domine l'invention même, la facilite et l'enrichit. Cette marche uniforme et obligée du discours n'est pas pour lui, comme pour d'autres, une convention arbitraire et gênante : c'est un procédé de composition, une méthode intime, qui, pareille à la *maieutique* de Socrate, mène à bonne fin l'enfantement des idées. Massillon, Fénelon, Fléchier, le grand Bossuet lui-même avec son incomparable éloquence, sont des sermonnaires : Bourdaloue, c'est le sermon même.

Par là s'explique cette rigueur dans l'enchaînement, cette cohésion étroite entre les parties, qu'on ne saurait trop admirer. Bourdaloue n'est pas de ces prédicateurs, comme il s'en rencontre beaucoup, même parmi les habiles, qui vont chercher dans des *sommes* ou dans des compilations étrangères, soit un fonds d'idées communes qu'ils groupent avec plus ou moins de dextérité par une division forcément factice, soit des lambeaux qui peuvent avoir leur éclat et se relier entre eux par une couture artistement dissimulée, mais qui se détachent toujours aisément : chez lui, toutes les parties se tiennent et sont entre elles dans un rapport nécessaire. Le sermon est une création originale, conçue tout entière par la pensée de l'orateur, dans l'ordre même qui doit se dérouler devant l'auditoire. L'arbre sort de terre d'un seul jet ; puis le tronc commun donne naissance à deux ou trois branches principales, d'égale force et d'égale dimension, chacune portant à son tour un nombre varié de rameaux secondaires qui se garnissent de feuilles. On peut trouver la structure trop régulière et trop uniforme ; on peut souhaiter plus d'éclat au feuillage, une séve plus libre, surtout un peu plus de fleurs et de parfums ; mais toute cette ramure sort d'une souche unique, et il ne s'y mêle ni greffe étrangère, ni branche parasite.

Bourdaloue ne se borne pas à distinguer par une division générale, non capricieuse et arbitraire, mais rationnelle et fondée sur la nature des choses, deux ou trois points de vue assez vastes pour fournir les diverses parties du discours, assez restreints pour ne point rompre l'unité totale. Après avoir divisé, il subdivise ; chacune des subdivisions, il la subdivise encore, n'attaquant jamais en bloc un ensemble complexe, et poussant plutôt le morcellement jusqu'à la poussière. Quelquefois, en effet, à force de décomposer l'idée, il en vient à des distinctions d'une telle ténuité que tout autre les négligerait. Pas un mot qui soit mis au hasard, pas un terme qui ne soit défini et expliqué, sinon avec étendue, au moins dans une ou deux phrases. Là où plusieurs épithètes se suivent, et ne formeraient chez un autre écrivain qu'une répétition destinée à donner plus de force et d'insistance, Bourdaloue voit le germe de développements successifs et abondants.

Si l'on regarde au fond des choses, ce procédé constamment appliqué par Bourdaloue avec autant de vigueur que d'exactitude, n'est autre que la science même du développement, mise à nu et pratiquée pour ainsi dire avec une précision mathématique. Qu'est-ce en effet que développer, sinon décomposer une idée générale, la déplier en quelque sorte, comme le mot même l'indique, et la mettre en lumière à l'aide des idées particulières qu'elle implique et contient? Sans doute on préférerait quelquefois chez Bourdaloue des contours plus arrondis, plus de souplesse et de grâce : cette charpente si fortement arrêtée semble un peu roide ; l'anatomie du discours est trop apparente ; tous les os se dessinent, tous les muscles sont en saillie. Ces excès inévitables, sensibles à la lecture, mais qui offraient peut-être à l'audition moins d'inconvénients que d'avantages, ne nous dispensent pas d'admirer les rares qualités d'esprit, et surtout la puissance d'attention que supposent de semblables habitudes oratoires. C'est l'attention qui arrête au passage chaque proposition, qui en distingue, en compte et en ordonne les parties, qui mesure jusqu'à la compréhension exacte des mots, qui enfin, selon l'heureuse expression d'un grand admirateur de Bourdaloue, Alexis de Tocqueville, « vide l'idée de tout ce qu'elle contient » (1). Méthode uniforme et constante soutenue par une attention infatigable, voilà le secret de la fécondité de Bourdaloue.

Diviser et distinguer sont des habitudes de dialecticien. C'est qu'en effet la dialectique remplit les discours de Bourdaloue, est le fond de son éloquence. Jusque dans le détail, il en aime les formules et quelquefois les prodigue : « J'entre d'abord dans mon sujet. — Appliquez-vous à ma pensée dont voici le précis réduit à cinq chefs. — Avançons — Reprenons et concluons. » Ne parlant jamais que pour

---

(1) Lettre du 31 décembre 1843.

prouver, il est épris du raisonnement jusqu'à s'y complaire et même jusqu'à s'y attarder : il en allonge la chaîne, il en multiplie les anneaux; ou bien il s'engage volontairement dans des contradictions apparentes pour se donner l'avantage de les concilier ensuite. Comme Bossuet, Bourdaloue fait souvent intervenir Dieu pour triompher des pécheurs ; mais, chez Bossuet, Dieu les confond par le seul éclat de sa majesté souveraine; il paraît, tout est aussitôt manifesté par « cette lumière de justice et de vérité qui sort du trône (1) »; tandis que dans les sermons de notre prédicateur, le juge suprême raisonne avec l'âme coupable, et la convainc par une argumentation serrée. Dieu lui-même, chez Bourdaloue, est devenu dialecticien. « Nous avons, dit Bourdaloue, une conscience éclairée, pour qui? pour les autres; et aveugle, pour qui? pour nous-mêmes. Que fera Dieu? Il confrontera ces deux consciences pour condamner l'une par l'autre (2). » Ce que fera Dieu au jour du jugement, Bourdaloue le fait à tout instant dans la chaire. Car l'habileté suprême et le triomphe de la dialectique, c'est d'emprunter des arguments à celui-là même que l'on combat, soit en invoquant ses paroles ou l'exemple de sa conduite, soit en retournant contre lui les objections qu'il avance : vaincre l'adversaire avec ses propres armes, c'est vaincre deux fois. Bourdaloue excelle à ces manœuvres adroites. Pour confondre le monde, quelles preuves ne tire-t-il pas des pratiques du monde même? Nul ne sait mieux que lui profiter de tous ses avantages, envelopper son contradicteur, lui couper toute retraite, et lorsqu'enfin il le tient enfermé dans un paralo-

---

(1) Bossuet, deuxième sermon pour le premier dimanche de l'avent, *sur le Jugement dernier*.
(2) *Sur la Fausse conscience*, t. I, p. 130.

gisme, c'est plaisir de voir comme il le presse, le harcèle, et le réduit à prononcer sa propre condamnation.

Il faut lire Bourdaloue pour se rendre compte de la solidité et de la plénitude de ses démonstrations. Arguments généraux et particuliers, arguments personnels, *ad hominem*, dilemmes habiles, concessions plus compromettantes pour celui qui les obtient que pour celui qui les fait, suppositions ingénieuses, comparaisons ou contrastes adroitement ménagés; toutes les formes du raisonnement, toutes les ressources que la logique peut prêter à l'éloquence, Bourdaloue en connaît l'usage, et s'en sert avec un merveilleux à-propos. La combinaison de ces éléments divers varie avec le sujet et selon les convenances de chaque discours, de même qu'un chef d'armée change la disposition de ses troupes d'après la nature du terrain. Mais partout on retrouve aussi apparente et aussi sensible cette *imperatoria virtus,* comme a dit M. Sainte-Beuve après Quintilien, « cette qualité souveraine du général qui fait que tout marche en ordre et à son rang (1) ». Quand Bourdaloue a dit: « Commençons, » comme pour donner le signal de la bataille, il place en avant un ou deux principes évidents pour la raison ou incontestables pour la foi. Ces principes rapprochés de la proposition forment déjà une première démonstration générale. Puis, après cette avant-garde, viennent les propositions qui divisent, semblables à des corps d'armée; chacune avec son groupe d'arguments plus ou moins nombreux, diversement rangés selon les besoins, mais toujours distribués avec prévoyance et marchant avec

---

(1) *Causeries du lundi*, t. IX, p. 220.

discipline : puis enfin, s'il y a lieu, la réfutation, sorte de réserve, triomphe des dernières résistances et achève la victoire. On comprend le mot que dit un jour Condé, au moment où Bourdaloue montait en chaire : « Silence ! voici l'ennemi ; » et cette autre parole échappée au maréchal de Grammont, lorsque, maîtrisé par l'irrésistible argumentation de Bourdaloue, il s'écria, comme un soldat vaincu qui rend les armes : « Morbleu ! il a raison. »

« M. Bossuet, disait un jour Mme de Sévigné, se bat à outrance avec son auditoire : tous ses sermons sont des combats à mort. » Cette comparaison si vieille et toujours vraie entre l'éloquence et les luttes de la guerre, Bourdaloue, on le voit, la justifie aussi bien que Bossuet. Tous deux pourtant n'ont pas la même manière de combattre et de vaincre. Par la soudaineté de son génie, par la hardiesse et la rapidité de ses mouvements, par cette impétuosité qui n'exclut pas l'ordre et la retenue, l'évêque de Meaux a quelque ressemblance avec le vainqueur de Rocroi. Comme lui, il trouble, il étourdit, il culbute l'adversaire : ce sont de grands coups qui étonnent. Personne au dix-septième siècle n'était mieux fait que Bossuet pour comprendre, pour admirer et pour louer dignement Condé : ces deux grands hommes ont le même tour de génie. Bourdaloue au contraire, par la marche méthodique de ses raisonnements, par ses manœuvres calculées et savantes qui préparent lentement une victoire sûre, rappelle plutôt la tactique prudente de Turenne. Mais la capitale différence, c'est que Bossuet engage le combat sur tous les points, accablant l'ennemi de mille manières diverses, et ne lui laissant pas le temps de se reconnaître ; imagination, sensibilité, raison, l'âme tout entière subit l'ébranlement de ses coups; c'est un assaut général : Bourdaloue, au contraire, porte toutes ses forces sur un seul point, concentre la lutte autour d'une position unique qu'il considère comme la clef de toutes les autres : la raison.

Faut-il donc refuser à Bourdaloue toute émotion, tout pathétique ? Faut-il croire avec Fénelon que dans ces discours écrits à l'avance et récités de mémoire, rien n'allait au cœur ? Souscrirons-nous enfin à ce jugement trop visiblement dirigé contre Bourdaloue par l'auteur des *Dialogues sur l'éloquence* : « Il est très-capable de convaincre ; mais je ne connais guère de prédicateur qui persuade et qui touche moins. » Que Bourdaloue ait trop méconnu la différence qu'il y a entre convaincre et persuader, nous ne le contesterons pas. Mais comment admettre qu'un prédicateur si fort vanté par tant de juges excellents ait été absolument dépourvu d'une des qualités les plus essentielles à l'orateur, le don d'émouvoir ?

On peut d'abord recueillir dans les œuvres de Bourdaloue bien des pages où la modification sensible du ton traduit une émotion vraie. Ne parlons pas de ces foudres de la sainte parole, de ces terreurs salutaires que le sévère Bourdaloue, on le croira sans peine, ne laisse pas s'affaiblir. Mais cet autre pathétique, propre à la prédication chrétienne, qu'on peut dire inventé par elle, et qui se nomme l'onction, ces effusions où l'âme du ministre de miséricorde semble se répandre, et pénètre le cœur du fidèle d'un attendrissement contagieux, ne sont pas non plus sans exemple chez Bourdaloue. Avocat ému de toutes les misères, il communique la pitié qui le touche lui-même, soit qu'il plaide la cause des pauvres, ou celle des prisonniers (1), soit qu'il sollicite les prières pour les âmes qui souffrent dans le purgatoire et fasse appel aux pieux souvenirs de tous ceux qui pleurent la mort de quelque personne aimée (2). Quand il s'adresse à son divin Maître, quel sentiment grave, mais tendre et profond, dans ces actes d'amour où respire la joie humble et pleine de la créature qui possède son Créateur! Ne les croirait-on pas tombées des lèvres d'un Fénelon, ces belles paroles sur la confiance avec laquelle il faut parler à Jésus-Christ :

« Ce n'est point par une abondance de paroles que l'on s'énonce ; souvent la bouche ne dit rien, mais l'âme sent ; et qu'est-ce que ce sentiment? qu'il est touchant, qu'il est consolant, qu'il est efficace et puissant! A l'exemple de ce disciple favori qui reposa sur le cœur de Jésus-Christ, on s'endort tranquillement entre ses bras et dans son sein. Quel mystérieux sommeil! quel repos (3)! »

Dans les sermons même de pure morale, combien de pages où se trahit ce zèle du prêtre qui n'a d'autre ambition que de gagner les âmes pour les sauver! De là des mouvements affectueux et une ardeur de charité d'autant plus touchante que l'austérité de la dialectique semblait moins comporter ces accents plus tendres. Comme les contrastes rendent toujours les impressions plus sensibles, comme les larmes ne sont jamais plus émouvantes que lorsqu'elles sillonnent un mâle visage, à l'onction s'ajoute

---

(1) Voy. les *Exhortations* pour des assemblées de charité, t. VIII. de l'édition de Versailles.
(2) *Pour la Commémoration des morts*, t. XI, p. 348.
(3) *Essai d'Octave du Saint-Sacrement*, t. XV, p. 385.

le charme d'une demi-surprise, dans ces passages de Bourdaloue où l'on sent, chez ce dialecticien, battre un cœur d'apôtre.

Toutefois, il faut en convenir, ces émotions ne sont ni très-fréquentes, ni de longue durée. Toujours contenues, et comme involontaires, il semble qu'elles appartiennent moins au prédicateur qu'à la religion même, et que le pathétique, dans les bornes étroites où il se renferme chez Bourdaloue, soit comme un fruit naturel du christianisme cru avec ferveur et prêché avec zèle. Aussi trouvons-nous chez Bourdaloue une émotion d'un autre genre, plus personnelle, plus intime, inhérente à la trame même du discours, et dont il est également impossible de contester la puissance et malaisé de définir la nature. Ce n'est point un sentiment qui s'éveille à un moment déterminé, nous domine un instant et s'évanouit ensuite : c'est une impression d'ensemble, résultant de la marche du discours tout entier ou tout au moins d'une de ses parties, qui devient plus vive et plus aiguë par le progrès du raisonnement même, sorte de *crescendo* lent et insensible d'une même note de plus en plus vibrante. C'est ce que Mme de Sévigné exprimait si bien, quand elle écrivait au sujet de Bourdaloue : « Il m'a souvent ôté la respiration par l'extrême attention avec laquelle on est pendu à la force et à la justesse de ses discours, et je ne respirais que quand il lui plaisait de finir (1). » Oui, cette investigation de plus en plus précise et vigoureuse, cette déduction sans paix ni trêve captive l'entendement et le maîtrise par une sorte de curiosité

---

(1) Lettre au président de Moulceau, avril 1686.

impatiente, émue, sans cesse satisfaite et sans cesse croissante. « Le cœur, dit Pascal, a ses raisons que la raison ne connaît pas. » Ne pourrait-on pas retourner au profit de Bourdaloue le mot de Pascal, et dire que la raison aussi a ses émotions différentes de celles du cœur? émotions de l'intelligence qui cherche la vérité, la poursuit, l'entrevoit, la découvre enfin, la pénètre, l'approfondit, la possède ! émotions semblables à celles qui animent et récompensent le philosophe dans ses méditations austères, le savant dans ses expériences, le mathématicien même dans ses études abstraites et tout idéales! Les théologiens distinguent l'orgueil de l'esprit et l'orgueil du cœur : l'esprit, comme le cœur, a ses passions, ses plaisirs, ses ivresses. Ce sont des émotions de cet ordre, les émotions de l'entendement et de la pensée, que m'inspire la lecture suivie d'un sermon de Bourdaloue, et que devaient ressentir bien plus encore ceux qui l'entendaient, « pendus à la force et à la justesse de ses discours. » Il éprouve lui-même et fait partager aux autres tour à tour cette ardeur de l'esprit qui attaque un sujet, s'en rend maître, l'envisage sous toutes ses faces, en sonde pour ainsi dire tous les replis, et ce contentement de l'intelligence victorieuse qui se repose enfin dans la plénitude de la lumière.

On a quelquefois rapproché Bourdaloue de Démosthène. C'est que chez tous deux l'émotion, le pathétique sont intimement liés à l'argumentation et se développent avec elle. C'est qu'on éprouve à la suite de Démosthène cette même impression, d'une marche haletante vers une clarté à chaque pas plus sensible. Le grand orateur grec qu'on a pu définir *la raison passionnée* est sans doute d'une tout autre véhémence que le prédicateur français : la différence des genres et des situations l'exigeait ainsi, comme celle des génies mêmes. Mais n'est-ce point assez pour la gloire de Bourdaloue, qu'en dépit de toutes les inévitables dissemblances, on puisse lui trouver quelques traits communs avec le plus parfait modèle de l'éloquence antique ?

Il faut donc accorder à Bourdaloue autre chose que l'art du raisonnement et de la froide argumentation. Il faut lui accorder, indépendamment de certaines pages pénétrées d'une émotion sincère, quoique discrète, une force croissante de raison et de vérité qui s'impose à l'esprit, une sorte de chaleur latente que recèle la dialectique même, qui ne jaillit pas en flammes, mais qui se développe par une progression constante, et qui, parvenue à un certain degré d'intensité, produit en quelque manière le pathétique. Il faut lui accorder enfin cette grande force oratoire, le souffle, non pas le souffle tour à tour paisible et violent, qui soulève tout à coup les âmes et ramasse les tempêtes, mais le souffle égal et soutenu, puissant par sa seule continuité, qui ébranle à la longue plutôt qu'il ne bouleverse.

Que d'autres sévérités excessives ou injustes on pourrait relever dans le jugement de Fénelon ! S'il faut l'en croire, « rien de familier, d'insinuant, de populaire » dans l'éloquence de Bourdaloue (1) : c'est le contraire même de la vérité. La familiarité est fréquente chez Bourdaloue ; et ce n'est pas cette familiarité toujours grave, épiscopale, un peu hautaine de Bossuet, où l'on sent la condescendance

---

(1) *Dialogues sur l'éloquence*, Dial. II.

d'un supérieur qui n'abdique pas, et d'où l'éloquent évêque tire d'étonnants effets par le contraste même de la simplicité et de la grandeur ; mais Fénelon vient de nous fournir sans le vouloir, l'expression juste, c'est bien une familiarité « insinuante » et doucement spirituelle. Car celui qu'on appelle le grave, le judicieux Bourdaloue, a beaucoup d'esprit, et du meilleur. Sans doute la pensée ne se condense pas en traits rapides ; l'esprit ne pétille pas en étincelles soudaines et imprévues : c'est plutôt une lumière continue, qui éclaire également tout un morceau, et qui brille moins vivement, parce qu'elle se disperse davantage. Mais souvent quelle finesse pour aiguiser le bon sens ! Quelle ironie piquante sans âcreté ni venin ! Que le prédicateur reprenne, par exemple, ceux qui ont trouvé « l'art d'être dévots sans être chrétiens » : « Dévotion zélée, dira-t-il, mais fort zélée pour autrui et très-peu pour soi. Depuis que telle femme a levé l'étendard de la dévotion, il semble qu'elle soit devenue impeccable, et que tous les autres soient des pécheurs remplis de défauts... On inquiète les gens, on les fatigue, on va même jusqu'à les accabler. Le prophète disait : Mon zèle me dévore ; mais combien de prétendus zélateurs ou zélatrices pourraient dire : Mon zèle, au lieu de me dévorer moi-même, dévore les autres (1) ! » Cent autres passages feraient voir que l'agrément, chez Bourdaloue, s'unit plus qu'on ne le pense à la solidité, et que cette nourriture substantielle ne manque pas non plus de saveur.

Le style de Bourdaloue n'est le plus souvent que le lan

Pensées, t. XIV, p. 281.

gage de l'enseignement et de la logique, clair, exact, précis, sûr et arrêté : rien n'est laissé dans le vague ; chaque terme est pris dans son sens propre et dans son étendue vraie. Peu de métaphores, peu de figures sensibles : parfois la comparaison qui éclaircit, rarement l'image qui colore. La teinte générale est un peu monotone et sévère : convient-il de le trop reprocher au prédicateur qui acheva de bannir de la chaire chrétienne le faux goût et le précieux ? Les phrases sont jetées dans un moule trop uniforme ; mais aussi quelle sûreté de marche, quelle vigueur et quelle plénitude dans ces périodes moins oratoires que logiques, qui énumèrent et enveloppent tous les détails de la pensée ! Et si l'on considère l'expression, quelle justesse, et, par la justesse même, quelle force ! Combien d'alliances de mots éloquentes, et parfois de hardiesses heureuses, soit que, le jour de Noël, il célèbre les « anéantissements adorables » de son Dieu, ou, le jour de la Passion, « sa faiblesse toute-puissante, » ou qu'il confonde « ces vertus chimériques et plâtrées dont nous recevrons plus de confusion que de nos vices mêmes reconnus de bonne foi et confessés (1) ! »

Ainsi le style de Bourdaloue se relève de sobres ornements, que le lecteur ne remarque pas toujours, mais que le débit de l'orateur accentuait davantage et faisait valoir. Bourdaloue avait la voix forte, claire, mélodieuse. Il parlait avec une rapidité que Fénelon lui reproche, sans méconnaître qu'elle avait « beaucoup de grâces ». Cette rapidité soutenue convenait à une éloquence dont l'effet,

---

(1) Premier Avent, *sur le Jugement dernier*, t. I, p. 58.

nous l'avons vu, résultait surtout de la suite et de la progression du discours. Les yeux de Bourdaloue, d'ordinaire à demi fermés comme pour mieux assurer la lucidité et la clairvoyance intérieures, s'entr'ouvraient par instants et laissaient passer de rapides éclairs. Ses gestes vifs et multipliés, son action enfin pleine de véhémence et d'entrain ajoutaient à son éloquence cet élan, ce feu que ne peuvent nous rendre les pages inanimées d'un livre. Nous ne connaissons Bourdaloue qu'à demi : ses auditeurs seuls l'ont pu connaître tout entier.

III.

L'éloquence de Bourdaloue, telle que nous l'avons rapidement caractérisée, était appropriée à la nature de son enseignement chrétien. Car c'était bien un enseignement. Bourdaloue considérait comme la plus importante obligation de son ministère « d'apprendre » à ses auditeurs « les principaux devoirs de la religion », non pas seulement pour leur en donner une connaissance théorique et générale, mais pour leur en faire mesurer l'importance et l'étendue, et pour fournir à chacun les moyens de s'en acquitter. Son ambition ne fut jamais de plaire ; il ne se pique que d'être utile.

Le premier effet et le signe manifeste de cet esprit pratique, c'est que, chez Bourdaloue, selon la remarque d'un critique aussi pénétrant que judicieux, « le mystère, le dogme, sauf dans quelques sermons de pure théologie, ne tiennent que la seconde place : la morale est au premier rang (1) ». Par cette nouvelle économie de la doctrine, non moins que par les procédés de l'éloquence, Bourdaloue se distingue profondément de Bossuet. Celui-ci est plus volontiers spéculatif. Ainsi, le premier dimanche de carême, Bossuet prendra pour texte ces paroles de l'Évangile : Jésus fut conduit dans le désert pour y être tenté par le diable, et il prêchera *sur les démons*. Ce même jour, Bourdaloue s'arrêtera au même texte, et prêchera *sur les tentations*. Deux sujets en apparence bien voisins l'un de l'autre, en réalité fort dissemblables. Prêcher sur les démons, c'est traiter le dogme en lui-même ; prêcher sur les tentations, c'est appliquer le dogme à la vie humaine.

Tous les sujets sont bons à Bourdaloue pour y trouver la matière d'exhortations morales. Du sein des mystères les plus ardus et les plus inaccessibles à la raison, il dégage une leçon pour ses auditeurs, et jamais il n'enseigne aux hommes ce qu'il faut croire sans leur montrer du même coup ce qu'il faut faire. Son invention ingénieuse sait découvrir des points de vue, concevoir des plans où le dogme et le précepte, le symbole et le décalogue s'unissent étroitement et s'appellent l'un l'autre. S'il est un article de foi qui semble rebelle aux conséquences pratiques, c'est bien le dogme de la Trinité : comment faire descendre du ciel sur la terre ce mystère tout divin ? Mais Bourdaloue veut « en parler utilement », et « le rapporter autant qu'il est possible à l'édification de nos mœurs ». Il considère donc la Trinité comme « le plus parfait modèle de la charité qui doit nous unir en Dieu », et il n'est satisfait que quand il

---

(1) M. Nisard, *Histoire de la littérature française*, t. IV, p. 290.

peut dire : « Tout ceci est moral et mérite toute votre attention. »

Chez Bourdaloue, le panégyrique, l'oraison funèbre n'ont presque rien de commun avec le genre démonstratif : ce ne sont plus que d'autres formes du sermon. Mme de Sévigné vantait trop l'oraison funèbre que Bourdaloue a faite du grand Condé; mais, à notre tour, ne dédaignons-nous pas plus qu'il ne faudrait ce discours vraiment admirable de composition savante, de gravité soutenue et d'apostolique franchise? Il ne manque à Bourdaloue que de n'avoir pas Bossuet pour rival. Disons plus : si haut qu'on place le discours de Bossuet, celui de Bourdaloue révèle peut-être encore moins son infériorité que la nature différente de son génie et de sa prédication. Tandis que Bossuet embrasse dans son plan vaste et souple toutes les gloires, toutes les qualités publiques et privées de son héros, celles du cœur d'abord, mais aussi celles de l'esprit, pour arriver enfin à ce mérite suprême, couronnement de tous les autres, la piété ; tandis qu'au premier rang parmi les qualités du cœur, il place la valeur guerrière, et ne craint pas de faire retentir dans le lieu saint un écho des champs de bataille, comme il ne craindra pas tout à l'heure de suivre le prince « dans cette magnifique et délicieuse maison de Chantilly, au bruit de tant de jets d'eau qui ne se taisaient ni jour ni nuit »; Bourdaloue, plus intérieur, plus austère, moins touché de l'éclat du génie et des triomphes, s'il se ménage par une disposition habile la faculté de parcourir toute la vie de Condé, ne s'arrête pourtant qu'aux qualités du cœur, la solidité, la droiture, la piété. « C'est, dit-il à ses auditeurs, ce que vous pourrez vous appliquer pour faire le sujet de votre imitation. » Et tandis que Bossuet ne parle qu'avec une brièveté adroite et délicate des fautes de son héros, « de ces choses dont il voudrait pouvoir se taire éternellement », Bourdaloue y insiste et n'en dissimule rien. « C'est un astre qui a eu ses éclipses. En vain entreprendrais-je de vous les cacher, puisqu'elles ont été aussi éclatantes que sa lumière même ; et peut-être serais-je prévaricateur, si je n'en profitais pas pour en faire aujourd'hui le sujet de votre instruction. » Admirons donc dans Bossuet le génie large et supérieur, le panégyriste sans égal dont on a dit dans un langage digne de lui-même : « Nul écrivain chrétien n'a fait à Dieu de plus grands holocaustes de la gloire humaine, et nul ne l'a fait plus aimer par la magnificence des images qu'il en a laissées (1). » Mais admirons aussi dans Bourdaloue le prédicateur sévère et scrupuleux, toujours préoccupé d'instruire et d'édifier, et qui ne permet pas à l'éloge de la gloire humaine, même la plus légitime et la plus éclatante, de jamais prendre le pas sur la leçon morale qui doit seule tomber des lèvres d'un ministre de Jésus-Christ.

Dans un de ses sermons, Bourdaloue veut enseigner ce qu'il appelle lui-même « la *science pratique* de la mort » (2). Nous pouvons appliquer ce mot caractéristique à toutes les autres matières de morale qu'il traite. C'est toujours « la science pratique » du christianisme qu'il expose. Aussi aime-t-il à conclure ses discours en donnant des règles précises pour aider le chrétien à pratiquer la vertu qui

---

(1) M. Nisard, *Histoire de la littérature française*, t. III, p. 267.
(2) *Sur la Préparation à la mort*, t. III, p. 325.

vient de lui être prêchée. Et ces règles, il ne se contente pas de les énumérer d'une manière générale et sèche : il les développe, il les commente, il en détermine l'usage dans la conduite de chaque jour : il en suit l'application jusque dans les détails de la vie. Ce n'est point assez pour lui de montrer la voie au fidèle : il le conduit par la main.

A ses yeux, en effet, la prédication était d'autant plus parfaite qu'elle se rapprochait davantage de la direction, par la précision minutieuse des préceptes, par l'efficacité sensible des résultats. Appliquant aux prédicateurs une comparaison qui ne semble tout à fait exacte que pour les directeurs : « Quand, pour la santé du corps, j'ai à choisir un médecin, disait-il, je n'examine point s'il est orateur ou philosophe, s'il s'exprime avec politesse, et s'il sait donner à ses pensées un tour ingénieux et délicat ; mais je veux qu'il ait de l'expérience et qu'il soit versé dans son art, je veux qu'il connaisse mon tempérament, et qu'il soit en état de me guérir : cela me suffit (1). » Bourdaloue ne souhaitait donc que d'être le directeur de son auditoire. Lorsque, après une conférence spirituelle avec quelqu'un de ceux qui l'avaient choisi pour guide, il montait en chaire, c'était pour lui changer de théâtre, plutôt que changer de rôle. De là cette habitude de diviser par la pensée la foule qui remplissait le temple en groupes distincts auxquels il appropriait successivement la leçon que recevait l'assistance tout entière. Il aurait voulu rendre ses conseils personnels, comme dans la direction, appliquer les lois générales du

---

(1) Carême, *sur la Parole de Dieu*, t. IV, p. 25.

christianisme à chacun de ceux qui l'écoutaient, en venir tour à tour avec tous au dialogue et au tête-à-tête. « Mon cher auditeur, » disait-il d'ordinaire, comme s'il s'adressait à un seul, et gardait dans le discours public les formes et les allures d'un entretien particulier.

La préférence de Bourdaloue pour l'enseignement pratique de la morale ne l'a pas empêché d'expliquer admirablement tous les principaux articles du dogme chrétien. Sa connaissance des besoins spirituels de son temps lui en faisait un devoir. Trop clairvoyant pour ne point pressentir le terrible et prochain assaut dont l'Église est menacée, il déplore, tantôt ce mal déjà trop répandu et qu'il appelle si justement « la préoccupation de l'esprit contre la religion (1) », tantôt « cette altération si pernicieuse et si contagieuse qui se fait de la foi », et qu'il voit « se répandre de jour en jour dans les esprits des hommes (2) ». Pour sauver la religion de ces périls qu'il dénonce avec une persistance inquiète, Bourdaloue veut armer les âmes et fortifier les croyances. Le parti qu'il conseille aux vrais fidèles n'est point une muette réserve trop semblable à la résignation craintive ou au compromis sacrilége. Se taire, c'est faire aveu d'impuissance, et Bourdaloue ne veut pas que la foi soit impuissante. Il sait que la négation est, de sa nature, audacieuse, et l'affirmation timide : la timidité de celle-ci lui semble aussi funeste que la hardiesse de celle-là. Il ne craint pas tant peut-être le libertinage et le doute réfléchi que l'ignorance et l'indifférence, également inca-

---

(1) Panégyriques. *Sermon pour la fête de saint Thomas*, t. XII, p. 75.
(2) *Sur les Œuvres de la foi*, t. VI, p. 126.

pables de combattre, l'une parce qu'elle n'a point d'armes, l'autre parce qu'elle ne se soucie pas du succès. Les *Sermons* comme les *Pensées* sont remplis de conseils et de reproches virils à ceux qui se désintéressent des questions où l'intégrité de la foi est compromise, « comme si, dit Bourdaloue, dans la cause de Dieu, tout homme, selon le mot de Tertullien, n'était pas né soldat ; comme si jamais il était permis à des enfants de rester neutres entre leur mère et ses ennemis ; à des sujets, entre leur prince légitime et des peuples révoltés ; à des chrétiens, à des catholiques, entre l'Église et les rebelles qui lui déchirent le sein (1). »

Bourdaloue n'admet pas davantage que la foi, comme beaucoup de chrétiens semblent trop aisément l'accorder, soit exclusive de la raison. C'est une doctrine très-arrêtée chez lui, et souvent développée avec une grande force, qu'il faut raisonner pour bien croire, que la raison doit être le guide qui conduit à la foi, l'appui qui la soutient, le rempart qui la protége. « Ce tempérament et ce mélange de raison et de foi, de raison et de religion, de raison et d'obéissance, c'est en quoi consiste le repos d'un esprit judicieux et bien sensé (2). »

Bourdaloue s'efforce de communiquer à ses auditeurs cette foi soumise, mais éclairée, raisonnable, instruite. Sur chaque point, il expose dans un résumé substantiel ce qu'il appelle « le précis de la doctrine orthodoxe », en donne la notion exacte, en fait saisir les convenances rationnelles et les rapports harmonieux. « Ses sermons sur les mystères,

---

(1) *Pensées*, t. XV, p. 78.
(2) *Sur la Paix chrétienne*, t. IV, p. 310.

a dit un illustre prélat de nos jours, sont une admirable théologie à l'usage de tout le monde..... Il y a tel de ses discours qui est à lui seul tout un traité de théologie aussi simple que lumineux (1). »

Théologien, Bourdaloue l'est partout, dans les sermons de morale, comme dans ceux de dogme. Il n'ignore rien de ce qu'ont enseigné les maîtres. Non moins versé que Bossuet dans la connaissance des anciens Pères, il a pratiqué plus que lui les docteurs du moyen âge. Aussi trouve-t-on dans ses discours un fonds et quelquefois un luxe d'érudition religieuse qu'envieraient des théologiens de profession. Ce n'est pas qu'il se contente d'être l'écho affaibli des Docteurs et des Pères : son profond respect pour ces lumières de la théologie ne lui ôte ni l'originalité de sa pensée, ni l'indépendance de son jugement. Outre les commentaires personnels qu'il donne de leur doctrine, et les applications libres qu'il en fait, il ne craint pas d'apprécier leurs interprétations, de les comparer quand elles diffèrent, d'en critiquer même quelques-unes. Disciple soumis, mais non aveugle, il devient maître à son tour, et sa fidélité ne va point jusqu'à la superstition.

Le continuel commerce qu'entretint Bourdaloue avec les théologiens de tous les temps n'en est pas moins la garantie certaine de sa parfaite orthodoxie. Cette sûreté de doctrine ne laisse pas de frapper le regard même d'un profane. On la reconnaît à ce respect de la tradition, qui est, chez le prédicateur catholique, le signe de la prudence et

---

(1) Mgr Dupanloup. *Lettres aux hommes du monde, sur les études qui leur conviennent*, p. 456.

le gage de la vérité. Sur tous les points importants, Bourdaloue s'en tient à la pensée commune, et ne fuit rien tant que le nouveau et l'extraordinaire. Il ne s'attache à aucune secte, pas même à aucune école : il ne veut appartenir qu'à l'Église.

« Êtes-vous de la morale étroite, ou êtes-vous de la morale relâchée ? Bizarre question, dit Bourdaloue, qu'on fait quelquefois à un directeur avant que de s'engager sous sa conduite. A de pareilles demandes que puis-je répondre,... sinon que je suis de la morale de Jésus-Christ (1) ? » C'est en effet à prêcher la morale chrétienne dans sa pureté première et dans son intégrité, sans l'outrer, sans l'affaiblir, que Bourdaloue s'est principalement appliqué.

Mais, bien qu'il ne soit suspect d'aucune erreur, on se convaincra sans peine, en lisant au hasard quelques sermons, que, s'il penchait d'un côté, ce ne serait pas vers le relâchement. Ne disons pas, puisqu'il nous l'interdit, qu'il est de la morale étroite; mais disons qu'il est de la morale sévère.

Cette sévérité, qui conserve avec un soin jaloux l'autorité absolue, immuable, obligatoire en tout et pour tous, de la loi chrétienne, était comme une réponse sans cesse renouvelée aux accusations lancées par Pascal contre les jésuites. Il serait curieux de mettre les *Sermons* en regard des *Provinciales,* et de trouver chez Bourdaloue la réprobation formelle, précise, détaillée, sans transaction ni équivoque, de tous les relâchements que la Société, selon Pascal, se donnait pour mission d'autoriser. Le jésuite

---

(1) *Pensées*, t. XIV, par 299.

imaginaire de Pascal permettait au chrétien de suivre toutes les opinions probables, même celle qui l'est moins, de préférence à celle qui l'est davantage. Le jésuite Bourdaloue condamnait « sans réserve tout ce qu'une vaine subtilité peut nous suggérer contre les saintes lois que la religion nous impose, tant de raisonnements frivoles et mal fondés, tant d'opinions hardies et trop larges, tant de probabilités chimériques (1) ». Le jésuite de Pascal était tout heureux d'avoir enfin découvert un motif de dispense applicable à son interlocuteur : « Je suis bien aise, disait-il, d'avoir trouvé ce moyen de vous soulager sans péché. Allez, vous n'êtes point obligé à jeûner. » — « En ce qui regarde la loi de Dieu, réplique Bourdaloue, le seul nom de dispense nous doit faire trembler (2). » Le jésuite de Pascal corrigeait « le vice du moyen par la pureté de la fin ». Bourdaloue, s'expliquant sur cette prétendue rectitude d'intention, s'écrie : « Quand il s'agirait de sauver tout le monde, Dieu ne voudrait pas que je fisse un mensonge, quoique léger (3). » « Enfin, nous avons, dit le jésuite de Pascal, des maximes pour toutes sortes de personnes. » Il y a aussi, chez Bourdaloue, « des maximes pour toutes sortes de personnes, » mais qui sont le contre-pied de tous les ingénieux tempéraments que Pascal prête à ses adversaires. Ainsi Bourdaloue enlevait aux jansénistes le droit de se dire les seuls gardiens de la pure morale chrétienne. Venu trente ans plus tôt, il aurait rendu les *Provinciales* impossibles.

---

(1) Premier sermon *sur la Purification de la Vierge*, t. XI, p. 116.
(2) *Ibid.*, p. 117.
(3) *Retraite spirituelle*, t. XVI, p. 38.

Mais opposer aux accusations de relâchement une doctrine qui ne laisse perdre aucune des sévérités du christianisme, démontrer par une prédication tout austère et toute pure la malignité des attaques et l'inanité des soupçons; cette attitude purement défensive en face du jansénisme ne suffisait pas à Bourdaloue. S'il s'en était tenu là, il aurait permis de supposer qu'en repoussant les reproches des jansénistes, il n'était pas sur le fond des choses en désaccord avec eux, et ceux-ci n'auraient pas manqué de réclamer Bourdaloue comme un des leurs, de le faire passer pour un disciple de Saint-Cyran égaré parmi les fils de Loyola. Le jansénisme est aux yeux de Bourdaloue une hérésie formelle, fausse dans ses principes, extrêmement dangereuse dans ses conséquences, et il se croirait prévaricateur s'il ne la combattait pas.

De tout temps, Bourdaloue le constate, il s'est manifesté dans le monde chrétien deux tendances contraires, l'une d'excessif relâchement, l'autre d'excessive sévérité. Mais « l'Église, inspirée du Saint-Esprit, prit le milieu entre ces deux extrémités, modérant la rigueur des uns et corrigeant la trop grande facilité des autres (1). » Car la vertu « consiste dans un juste milieu (2) ». Montrer sans cesse aux fidèles le côté terrible de la religion, et leur en cacher le côté consolant, prodiguer les menaces et taire ou nier les motifs d'espérance, c'est fausser le christianisme, en rompre le divin équilibre; c'est placer la vertu trop haut et la rendre inaccessible à la faiblesse de la plupart des hom-

---

(1) *Sur la Sévérité de la Pénitence*, t. I, p. 134.
(2) *Essai d'Octave du Saint-Sacrement*, t. XV, p. 388.

mes ; c'est exposer tout le monde « à tomber dans le désespoir (1) ».

Aux yeux de Bourdaloue, ce christianisme étroit et violent a un tort encore plus grave : il cause une secrète joie au libertin, « ravi, dit Bourdaloue, qu'on lui exagère les choses, pour être en quelque manière autorisé par là à n'en rien croire ou à n'en rien faire, et qu'on lui en demande trop pour avoir un spécieux prétexte de renoncer à tout..... Car voilà, mes chers auditeurs, le raffinement du libertinage de notre siècle : on veut une pénitence extrême, sans adoucissement, sans attrait, parce qu'on n'en veut pas du tout. Si je le faisais, dit-on, c'est ainsi que je la voudrais faire ; mais on en demeure là, et l'on se sait bon gré de cette disposition prétendue où l'on est de la bien faire, supposé qu'on la fît, quoiqu'on ne la fasse jamais. Ou tout ou rien, dit-on, mais bien entendu qu'on s'en tiendra toujours au rien, et qu'on n'aura garde de se charger jamais du tout. Ainsi raisonne le libertin (2). »

Il n'était pas rare, en effet, au dix-septième siècle, que des mondains fort connus pour n'être point sévères à eux-mêmes se fissent avec éclat les défenseurs de la plus étroite morale. Assurément les nombreuses sympathies que rencontra le jansénisme se doivent attribuer à bien des causes diverses, dont plusieurs n'avaient rien que d'honorable : la vertu et la pureté des solitaires qui le professaient ; une inclination naturelle et généreuse à prendre le parti des opprimés, mêlée peut-être d'un certain esprit d'opposition

---

(1) *Sur l'Amour de Dieu*, t. IV, p. 34.
(2) *Sur la Sévérité de la Pénitence*, t. I, p. 163.

politique (beaucoup de frondeurs furent amis des jansénistes); enfin des préventions déjà anciennes contre l'ordre des jésuites. Mais l'explication que vient de nous donner Bourdaloue, ce calcul secret d'une volonté désireuse de ne se point contraindre, et qui souhaite qu'on lui demande trop pour avoir un prétexte de refuser tout; cette complicité instinctive de la bouche, qui exagère les difficultés de la vertu, et du cœur, qui veut trouver en effet la vertu trop difficile pour en faire l'essai : tout cela est si conforme à la nature humaine qu'on ne saurait accuser Bourdaloue ni de prévention ni de subtilité. « La morale sévère, a dit spirituellement, en parlant de Bourdaloue, un critique qui a le rare mérite de le bien connaître et de l'apprécier aussi bien qu'il le connaît, la morale sévère a cela de bon qu'on peut toujours en retrancher beaucoup (1). » Mais aussi la morale trop sévère a cela de mauvais, que dans la pratique on n'en garde rien.

Ainsi la clairvoyance de Bourdaloue et son expérience des âmes, non moins que son exacte orthodoxie, le préservaient de toutes les exagérations où un certain esprit de secte, fort en vogue alors, entraînait plus d'un prédicateur écouté. « Je ne suis point fait à exagérer, disait-il lui-même, surtout en matière de morale et de devoir (2). » Tous les sujets qui sont de nature à effrayer les consciences comportent quelque correctif capable de faire rentrer la paix dans les âmes, et de tempérer les terreurs religieuses par de saintes espérances : si Bourdaloue souvent développe

---

(1) M. Silvestre de Saci.
(2) *Pensées*, t. XIV, p. 231.

moins cette contre-partie, rarement il la néglige. Il ne prêche pas la nécessité d'une pénitence sévère, sans prêcher aussitôt après la douceur de cette sévérité même. Jusque dans ces parties obscures et terribles du dogme où le jansénisme s'était comme retranché et se croyait inexpugnable, jusqu'au fond de ces mystères de la prédestination et de la grâce où les disciples de Jansénius et de Saint-Cyran ne voulaient voir que décrets arbitraires de Dieu et qu'incertitudes effroyables pour l'homme, Bourdaloue découvre des motifs d'espérer comme des sujets de craindre, et des encouragements non moins que des menaces. Prêchant sur l'évangile de la Samaritaine (1), il observe avec une sorte de curiosité minutieuse, dans cette conversion opérée par Dieu même, les procédés de la grâce. Il fait voir les égards, les ménagements, les délicatesses du Sauveur des hommes envers la Samaritaine, et de la grâce envers nous. Ainsi doivent procéder les dispensateurs de la grâce divine, les ministres de Jésus-Christ : car Bourdaloue ne laisse pas échapper l'occasion de leur proposer ce divin modèle, et s'autorisant d'un exemple venu de si haut, il leur conseille la mansuétude qui attire les âmes, l'onction qui les touche, la charité tout à la fois aimable et ferme qui les gagne, les excite et les soutient.

Rien n'était plus contraire au bon sens large et éclairé de Bourdaloue que l'esprit pharisaïque de singularité et d'exclusion par lequel les jansénistes fermaient à la plupart des hommes le chemin du ciel, méconnaissaient la diversité des vocations, et eussent détruit, s'ils l'avaient pu, la variété

---

(1) *Carême,* t. III, p. 182.

souple et harmonieuse qui préside au développement providentiel de la société humaine, sous l'œil paternel de Dieu. « Il y a dans le ciel, dit Bourdaloue, des saints de premier ordre qui n'ont jamais été par profession ni solitaires ni austères ; le Saint des Saints lui-même, le Fils de Dieu ne l'a point été ou du moins ne l'a point paru : et peut-être l'enfer est-il plein de pénitents, d'anachorètes que la vanité a perdus (1). » Bourdaloue ne permet de croire ni que certaines âmes soient, par une prédestination cruelle et fatale, condamnées à se perdre, ni que certaines conditions soient nécessairement opposées au salut. Il repousse le Christ aux bras étroits qui n'est pas son Dieu, et montrant au contraire le divin Crucifié « qui veut, en étendant les bras, nous embrasser tous (2), » il convie au festin du père de famille les hommes de tout état, de toute fortune, toutes les âmes de bonne volonté.

Un admirable esprit de mesure tempère donc, chez Bourdaloue, les rigueurs nécessaires de la morale chrétienne. Cette union, volontairement poursuivie et maintenue, constitue pour ainsi dire la principale originalité doctrinale de sa prédication. Il aime à montrer sans cesse que, s'il tient de la main droite le glaive qui fait à l'âme pécheresse de salutaires blessures, il tient de l'autre le baume divin qui les guérit. Il évoque devant son auditoire, ainsi qu'il nous le dit lui-même, la justice et la miséricorde, la justice un peu en avant sans doute et comme dans une plus vive lumière, mais toutes deux pourtant se donnant la main, et il

---

(1) Second Avent, *sur la Sainteté*, t. I, p. 223.
(2) *Exhortation sur le crucifiement et la mort de Jésus-Christ*, t. IX, p. 138.

ne croirait pas accomplir sa tâche tout entière s'il ne réalisait dans son enseignement religieux la parole du Psalmiste : *Misericordia et veritas obviaverunt sibi ; justitia et pax osculatæ sunt.*

La même prudence inspire Bourdaloue dans les conseils de dévotion qu'il donne aux fidèles. Car il ne s'en tient pas, on le pense, à leur prêcher l'accomplissement de leurs devoirs rigoureux. De même que la morale, chez lui, a toujours sa racine dans le dogme révélé, de même elle trouve son complément et son couronnement dans la dévotion chrétienne sainement comprise et sagement pratiquée. Il recommande la fréquentation des sacrements, qui sont les canaux de la grâce divine, les fleuves larges et abondants où tout chrétien doit se rafraîchir et se purifier ; mais il ne dédaigne pas les ruisseaux plus humbles, convaincu que les moindres sources de vie spirituelle sont précieuses pour qui sait y puiser avec une charité vive et une foi simple. Il sait bien que l'homme fragile et tiède n'a pas trop, pour s'affermir et pour s'échauffer, de tous les moyens de sanctification offerts aux âmes par la vigilance maternelle de l'Église, et il estime qu'en matière de piété il y a un superflu nécessaire.

Mais si Bourdaloue est fort désireux de faire avancer les âmes dans le chemin de la perfection, il n'est pas moins attentif à signaler les périls et les écueils de « ces piétés frivoles et mal entendues », qui font passer le conseil avant le précepte, qui se surchargent de milles menues observances, et négligent les obligations essentielles (1). « Avant

---

(1) *Sur la vraie et la fausse Piété*, première partie, t. VI, p. 151, sqq.

que d'être dévot, je veux que vous soyez chrétien. Du christianisme à la dévotion, c'est l'ordre naturel ; mais le renversement et l'abus le plus monstrueux, c'est la dévotion sans le christianisme (1). » Les pratiques elles-mêmes ne sont bonnes que si un véritable esprit intérieur les vivifie, et il faut toujours craindre que l'habitude des mêmes actes, sans cesse répétés, ne conduise insensiblement à une dévotion toute machinale.

Enfin, un écueil que l'âme dévote doit surtout éviter, ce sont les illusions d'une piété sublime, les extases chimériques d'un mysticisme trompeur. Illusions dangereuses ; car, selon l'énergique expression de Bourdaloue, « on s'évanouit dans ces vaines idées (2) ». Bourdaloue veut donc que l'oraison même soit agissante, efficace, qu'elle nous rende non-seulement plus sublimes, mais plus parfaits : il tient pour suspectes toutes ces méthodes d'oraison extraordinaire qu'adoptaient avec empressement bien des âmes éprises de pieuses nouveautés, et qu'autorisaient trop souvent des directeurs sans prudence.

On comprend dès lors que Bourdaloue se soit prononcé tout de suite et du premier coup contre les erreurs qui avaient séduit Fénelon. Les vagues sublimités et la passive inertie de l'amour pur n'étaient point faites pour attirer Bourdaloue, pas plus que l'éloquence de Bourdaloue ne pouvait plaire à Fénelon. Il n'est point douteux que certaines âmes, portées à la tendresse et à l'affection dans leurs

---

(1) *Pensées*, t. XIV, p. 268.
(2) Exhortation pour une communauté de Carmélites, *sur sainte Thérèse*, t. VIII, p. 219.

rapports avec Dieu, ne trouvassent dans Fénelon une direction spirituelle plus capable de répondre à leurs aspirations et de satisfaire leurs saints désirs. Non pas que Bourdaloue manquât de cette charité ardente et affectueuse qui convient aux âmes de cette famille ; mais il exigeait que les plus grandes ferveurs fussent réglées par la raison, seule et souveraine directrice de tous les mouvements de notre âme ; il surveillait avec défiance et ne permettait pas longtemps ces rêveries creuses, ces contemplations stériles où certaines dévotions expansives et molles aiment à s'abandonner ; il décourageait cette piété raffinée qui n'était souvent à ses yeux qu'une des formes les plus subtiles de l'amour-propre transporté dans la dévotion. Il ne se souciait point de plaire aux âmes : sa pénétration inexorable devait plutôt les contrister quelquefois en démêlant l'illusion dont elles étaient le jouet, en les forçant d'en convenir et d'y renoncer. Son ambition était de faire des justes : il laissait à Dieu le soin de faire des saints.

Cette direction spirituelle de Bourdaloue, si ferme, si prudente, si solidement humble et soumise aux règles communes, ne rappelle celle de Fénelon que par le contraste. Chez Fénelon, la part de la personnalité, du sens propre, est bien plus grande. Celui qui se mettait sous la conduite de Bourdaloue n'acceptait en quelque sorte que la direction de l'Église même ; quand, au contraire, on avait choisi Fénelon pour directeur, on n'appartenait plus seulement à l'Église et au christianisme ; on appartenait à Fénelon. Ce n'était pas à proprement parler une direction que Fénelon exerçait, mais une séduction perpétuelle. « Que M. de Fénelon est aimable, écrivait Mme de Maintenon ; qu'il prête de charmes à la vertu, et qu'il persuade aisément ce que d'autres ont tant de peine à nous faire concevoir ! Sa piété est communicative : on ne saurait se défendre de penser et d'agir comme lui. » Ainsi la femme la plus judicieuse et la plus prudente qui fut jamais, subit elle-même le charme de Fénelon. Nous savons en effet que, plus tard, elle faillit le suivre jusque dans l'erreur ; peu s'en fallut que les rêveries de Mme Guyon ne fussent enseignées à Saint-Cyr. Bourdaloue, consulté, éclaira Mme de Maintenon, et la détacha du « petit troupeau ». Rien ne rend plus sensible l'opposition des deux hommes, le contraste des deux directions. Fénelon sait mieux que tout autre communiquer la ferveur chrétienne et faire aimer les choses du ciel ; mais il faut que son influence soit tempérée, corrigée et, à un certain moment, combattue par celle de Bourdaloue, comme il est nécessaire que la raison contienne et tôt ou tard réprime l'imagination qui s'égare et le sentiment qui s'exalte.

« J'appelle oraison chimérique, a dit quelque part Bourdaloue lui-même, celle qui choque le bon sens, et contre laquelle la droite raison se révolte d'abord, ayant toujours été convaincu que le bon sens, quelque voie qu'on suive, doit être de tout, et que, là où le bon sens manque, il n'y a ni oraison ni don de Dieu (1). »

La sagesse même ne saurait mieux dire, et voilà le dernier mot de la dévotion de Bourdaloue, comme de sa morale.

---

(1) *Sur la Prière*, t. VI, p. 22.

IV.

Après avoir enseigné aux hommes ce qu'ils devraient faire, Bourdaloue leur montre ce qu'ils font ; à l'image de leurs devoirs, il oppose le tableau de leur conduite, et presque tous ses discours contiennent deux séries de développements distincts, les uns de doctrine, les autres de peinture morale.

La peinture morale elle-même est de deux sortes, selon qu'elle représente le cœur humain en lui-même, dans ses traits essentiels et permanents, ou qu'elle reproduit particulièrement les mœurs et les personnages, les vertus et les vices, les travers et les ridicules d'un pays et d'un siècle. Quoique Bourdaloue soit plutôt le peintre de son époque, il y a en lui un moraliste général qui mérite de n'être pas négligé.

Tout prédicateur digne de ce nom est plus ou moins moraliste. S'il est vrai, comme l'ont pensé les anciens, qu'il y ait d'intimes rapports entre la science du moraliste et l'art de l'orateur, par cette raison que l'orateur, se proposant toujours d'agir sur les hommes, doit les connaître pour les manier, que sera-ce de l'orateur chrétien qui sans cesse parle à l'homme de l'homme même ? Mais si les prédicateurs doivent connaître l'homme, ils ne sont pas tenus de le peindre en détail, et chez beaucoup d'entre eux le moraliste est indistinct et comme latent. Bourdaloue, au contraire, s'arrête souvent à tracer de fidèles images du cœur : il abonde en réflexions ingénieuses, en analyses toujours exactes et justes, souvent fines ou profondes, qui révèlent chez lui non-seulement une parfaite rectitude de jugement, mais aussi cette qualité maîtresse du moraliste : la pénétration.

Outre que Bourdaloue était naturellement observateur, et qu'il ne vécut pas tout-à-fait séparé du monde, il puisait à cette source intarissable d'observations et de lumières ouverte à tout prêtre catholique, la confession, qu'on a justement appelée « le pourvoyeur du moraliste chrétien (1) ». Il n'avait point à craindre que les aveux qu'il recueillait dans le secret du saint tribunal fussent mêlés de mensonge ou de dissimulation. Ces intentions cachées, ces calculs secrets qu'un La Rochefoucauld ou un La Bruyère était forcé de deviner sous les apparences trompeuses, il les connaissait à fond du premier coup ; on lui en livrait tout le mystère ; on lui montrait tout ensemble et le masque et le visage. C'est le confesseur qui acquérait cette grande expérience des âmes et de la vie dont le prédicateur profitait.

Aussi, comme il est, suivant sa propre expression, « entré dans le secret et dans la connaissance du monde ! » Rien ne lui échappe, ni les actions, ni les discours, ni le ton qui donne aux paroles leur vraie portée, ni ces nuances et ces délicatesses du langage qui aggravent, atténuent ou complètent la pensée, nuances fugitives qui sont la grâce de la conversation, mais qui s'évanouissent avec elle, et qu'il semble si difficile de fixer. Est-ce un religieux vivant dans la retraite, n'est-ce pas plutôt un habitué des salons

---

(1) M. Nisard, *Histoire de la littérature française*, t. III, p. 282.

les plus raffinés, qui a si bien décrit les ruses et les détours de la médisance mondaine, « ces manières de s'insinuer, cet air enjoué qu'elle se donne, ces bons mots qu'elle étudie, ces termes dont elle s'enveloppe, ces équivoques dont elle s'applaudit, ces louanges suivies de certaines restrictions et de certaines réserves, ces réflexions pleines d'une compassion cruelle, ces œillades qui parlent sans parler, et qui disent bien plus que les paroles mêmes (1)? » Et quand il nous peint ailleurs l'attrait singulier que la médisance offre à l'esprit des hommes, le piquant intérêt qu'elle donne aux entretiens, l'animation qu'elle fait naître, les succès faciles qu'elle procure, il semble que Bourdaloue retrouve tout le dessin de cette admirable scène du *Misanthrope* « où chacun a son tour » dans les médisances des Clitandre et des Célimène.

On pourrait, si l'on ne craignait d'offenser Bourdaloue, rapprocher bien souvent le grand poëte comique de l'austère prédicateur qui ne l'a pas toujours ménagé. Quelle meilleure garantie de la pénétration de Bourdaloue que ces rencontres piquantes avec le peintre le plus profond et le plus vrai qui ait jamais représenté l'homme au théâtre? Mais ces caractères que le génie créateur de Molière jette tout vivants sur la scène, l'analyse exacte et patiente de Bourdaloue les démêle, les décompose, distingue et note l'un après l'autre tous les traits qui les rendent reconnaissables, et remplace par la fidélité précise des détails l'expression d'ensemble et la vérité générale de la physionomie. Ce n'est point en effet le relief et la vie qu'il faut

---

(1) Dominicales, *sur la Médisance*, t. VI, p. 320-321.

chercher dans la peinture de l'homme chez Bourdaloue mais la multiplicité des observations justes, trésor précieux qu'enrichissent et que renouvellent chaque jour l'expérience et la sagacité.

La pénétration de Bourdaloue n'est pas non plus cette prompte intuition qui appartient à Bossuet, et qui donne aux réflexions morales de cet orateur incomparable je ne sais quel éclat de vérité saisissante. Bossuet, d'un coup d'œil, entre jusqu'au fond de l'âme ; il perce tous les voiles ; il illumine d'une subite clarté « l'abîme infini », les « profondes retraites » du cœur de l'homme. C'est Hercule découvrant de sa main puissante la caverne de Cacus, où se précipitent des torrents de lumière.

Trepidantque immisso lumine.....

On ne trouve pas chez Bourdaloue de ces soudaines ouvertures ; il observe plus lentement et de moins haut, avec ordre et méthode ; il passe en revue ce nombre infini de caractères qui forment la société humaine ; il y démêle la trame compliquée des penchants et des intérêts, des passions et des vices ; il promène de tout côté une lumière qui ne rayonne pas au loin, mais qui éclaire vivement tous les points l'un après l'autre : nul repli, nul détour n'échappe à cette investigation minutieuse et infatigable. On peut appliquer à Bourdaloue le mot de Mme de Sévigné sur Nicole : « Ce qui s'appelle chercher dans le fond du cœur avec une lanterne, c'est ce qu'il fait. »

Grâce à cette faculté d'observation analytique et successive, Bourdaloue excelle à décrire les maladies de l'âme, comme fait un médecin expérimenté pour celles du corps. Il en découvre les causes, il en saisit d'abord les germes imperceptibles et fait voir dans quelles conditions et sous quelles influences ces germes se développent et s'implantent. On ne saurait ni mieux définir la nature du mal ni en suivre les progrès avec plus de précision dans le diagnostic, soit qu'il montre comment on arrive insensiblement à fausser sa conscience (1), soit qu'il explique comment le venin de l'impiété se glisse dans l'âme, gagne de proche en proche et l'envahit tout entière (2), soit qu'il fasse voir comment la mondanité dans les habitudes conduit fatalement à la corruption dans les mœurs (3).

Sans doute le tempérament d'esprit de Bourdaloue, comme le genre où il a excellé, ne comportaient pas toutes les qualités des moralistes de profession. Ne lui demandez point l'imagination de Montaigne, et cet esprit curieux de tout, hors de conclure. Il n'a rien de comparable à la sublimité, à l'énergie passionnée d'un Pascal. La Rochefoucauld est plus profond, et le paraît encore plus qu'il ne l'est, par cette concision de la sentence qui ramasse et grave tout un trésor d'observations et d'idées dans une formule immortelle. La Bruyère est supérieur par la variété et l'imprévu du style, par ce tour neuf et rare, quelquefois jusqu'à la recherche, dont il relève tout ce qu'il touche. Bourdaloue s'exprime plus simplement et plus uniment. Ne lui refusons toutefois ni les mots profonds, ni les tours piquants et vifs. Lorsque, par exemple, combattant l'obsti-

---

(1) *Sermon sur la Fausse conscience*, t. 1, p. 99.
(2) *Sur la Parfaite observation de la loi*, t. III, p. 143-144.
(3) *Ibid.*, p. 146-148.

nation et l'attachement aux idées particulières que nous portons trop souvent dans le commerce avec nos semblables, il nous parle de « ces guerres qui commencent « par l'esprit et qui finissent par le cœur (1) », La Rochefoucauld aurait-il pu mieux dire? et La Bruyère eût-il désavoué les lignes suivantes : « On dit communémennt et l'on a raison de dire : L'ami de tout le monde n'est ami de personne. Il y a en effet des gens de ce caractère : ils vous aperçoivent, ils viennent à vous avec un visage ouvert, vous tendent les bras, vous saluent, vous embrassent, vous font les plus belles offres de services. Mais enfin, après mille protestations d'amitié, ils vous quittent, et demandent au premier qu'ils rencontrent, comment vous vous appelez, et qui vous êtes (2). »

Les *Pensées,* notes où Bourdaloue consignait brièvement les réflexions de religion et de morale qui se présentaient à son esprit, se rapprochent ainsi quelquefois du genre des *Maximes* ou des *Caractères*. Mais le propre du discours est de développer et non de condenser, de fournir des preuves et non de formuler des oracles. Il ne s'agit pas de laisser à l'esprit le plaisir d'approfondir, de deviner ou de comprendre à demi-mot : il faut expliquer, insister, répéter même quelquefois. Aussi, dans les sermons, Bourdaloue étend la peinture morale, la détaille, multiplie les exemples, plus curieux d'être convaincant et complet, que de se montrer ingénieux et concis. Il porte dans la chaire l'abon-

---

(1) *Sur la Très-Sainte-Trinité*, t. X, p. 342.
(2) *Pensées*, t. XV, p. 49.

dance un peu uniforme des traités didactiques de Nicole, avec plus de force et d'éloquence.

Ce qui rapproche encore Bourdaloue de Nicole, et ce qui fait à nos yeux son principal mérite comme moraliste, c'est l'esprit de mesure et d'équité qu'il conserve jusque dans peintures les plus sévères ; c'est l'intérêt qu'il ressent toujours pour l'homme, le désir et l'espérance de lui être utile. Qu'un moraliste à la manière de La Rochefoucauld, qui semble n'écrire que pour se justifier à lui-même ses mépris, exprime cette inhumaine pensée : « Je suis peu sensible à la pitié et je voudrais ne l'y être point du tout; » le moraliste chrétien ne renonce jamais à cette pitié pour la créature rachetée par le sang d'un Dieu. Chez Bourdaloue, c'est une pitié non pas tendre et expansive, mais active et efficace, qui veut convertir les âmes, qui espère leur salut éternel, et qui relève l'homme à ses propres yeux en l'estimant capable de raison et de vertu. Aussi la peinture morale de l'homme chez Bourdaloue laisse une impression non point flatteuse, mais saine, féconde, qui encourage et qui fortifie. Ce n'est ni cette désillusion amère qu'on reçoit de la lecture des *Maximes,* ni le dédain résigné de La Bruyère. Ce n'est pas non plus assurément cet optimisme de Vauvenargues, trop oublieux de la chute, trop porté à l'extrême confiance et à l'illusion généreuse. Bourdaloue a su être sévère sans être chagrin. Où trouver une plus sûre garantie de vérité ? On voit que Bourdaloue a été bien nommé « le plus judicieux de nos moralistes (1) ».

Mais c'est principalement aux peintures des mœurs con-

---

(1) M. Nisard, *Histoire de la littérature française,* t. IV, p. 296.

temporaines que nous devons nous arrêter en finissant, pour y admirer cette liberté apostolique de Bourdaloue, courageuse, intrépide, quand il s'agit de la vérité et du salut des âmes, hardie parfois « à faire trembler (1) », mais toujours respectueuse des convenances et discrète dans son audace.

Car ces peintures si fréquentes ne sont pas de purs ornements, encore moins des satires complaisantes. Elles font partie de la démonstration ; elles étaient nécessaires pour donner à la doctrine une évidence sensible, une portée manifestement pratique. D'ailleurs elles n'avaient le plus souvent dans l'intention de Bourdaloue aucun caractère personnel. Bien des réserves doivent sur ce point corriger l'opinion des contemporains, trop disposés à voir partout des allusions : c'est un penchant naturel à la curiosité humaine, si souvent aiguisée par la malignité. Certes, Bourdaloue ne craignait pas de faire à certaines choses et à certaines gens des allusions très-transparentes. Pourquoi lui eût-il été défendu de dire son mot en chaire sur des sujets dont tout le monde s'entretenait librement ? Il ne se croyait obligé d'ignorer ni tel grand scandale qui pouvait troubler les âmes, ni telle conversion sincère et éclatante qui les pouvait édifier. Mais chercher à l'ordinaire des allusions personnelles dans les peintures de Bourdaloue, généraliser et prendre au pied de la lettre l'hyperbole enjouée de Mme de Sévigné, « qu'il n'y manquait que le nom (2) », ce serait imputer à Bourdaloue un défaut de mesure et un oubli

---

(1) Mme de Sévigné, lettre du 5 février 1674.
(2) Lettre du 25 décembre 1671.

des convenances incompatibles avec son caractère. Il faut voir dans ces *portraits*, comme on disait au dix-septième siècle, la représentation de types généraux, et non l'image spéciale de certains personnages déterminés : Bourdaloue peint des groupes, non des individus.

Une *clé* de Bourdaloue serait donc encore bien plus « insolente » que celles dont se plaignait La Bruyère, parce qu'elle serait beaucoup plus fausse. Mais ce qu'on aimerait à dégager des œuvres de notre prédicateur, s'il ne fallait se borner, ce serait un tableau général des mœurs de son temps, tableau tellement fidèle, précis, et si fortement appuyé dans ses parties essentielles, qu'à défaut de tout autre document, les sermons de Bourdaloue nous suffiraient pour porter sur la société du dix-septième siècle un jugement équitable et complet. Oui, quand il ne nous serait resté de cette époque mémorable que ce seul livre, nous aurions de quoi pénétrer plus profondément dans la connaissance du grand siècle, et apprécier plus justement sa valeur morale, que ne le font beaucoup de nos histoires officielles et convenues.

Nous apprendrions de ce prédicateur ordinaire du roi ce qu'était au vrai cette cour dont la magnificence et la splendeur théâtrale ont si souvent ébloui la postérité, mais qu'il appelait sans détour et devant elle-même « une école d'impiété (1) », où « les plus fortes vertus sont sujettes à faire naufrage (2) », où « s'aveuglent ou se pervertissent les consciences même les plus éclairées et les plus droites (3) », où règnent « l'intérêt, l'orgueil, les adversions, les animo-

---

(1) T. XI, p. 304. — (2) T. XII, p. 231. — (3) T. I, p. 113.

sités, les envies, tout ce qui peut envenimer un cœur et l'endurcir (1), » où « ce qui passerait partout ailleurs pour monstrueux, se trouvant là autorisé par l'usage et la coutume semble avoir acquis un droit de possession et de prescription (2) ».

Nous demanderions à ce contemporain des La Feuillade, des Langlée, des Dangeau, de nous représenter ces courtisans « qui ne peuvent voir le mérite, en quelque sujet qu'il se rencontre, sans le haïr et le combattre (3) » ; qui « n'ont ni foi ni sincérité » ; qui « de leur grandeur prétendue et de leur fortune se font une divinité à laquelle il n'y a ni amitié, ni reconnaissance, ni considération, ni devoir qu'ils ne sacrifient (4) » ; qui « offriraient de l'encens à un démon sorti de l'enfer, pour peu qu'il se trouvât dans un haut degré d'élévation et de faveur (5) » ; qui, « sans cesse occupés de leurs divertissements et de leurs plaisirs, et presque jamais de leurs fonctions et de leur emploi, ne peuvent se tenir là où il faut être, et se trouvent partout où il faudrait n'être pas (6) » ; qui, « passant du jeu à la débauche et de la débauche au jeu, font dépendre d'un seul coup la fortune de toute une famille (7) », ne se faisant pas scrupule même « de tricheries indignes » et de « friponneries (8) » ; qui, ruinés par le luxe et la prodigalité, ne renoncent point à leur faste, « éludent leurs créanciers (9) », commettent des « larcins » jusque « dans les conditions les plus éclatantes », et « insultent aux larmes des miséra-

---

(1) T. I, p. 305. — (2) T. I, p. 113. — (3) T. VII, p. 113. — (4) *Ibid.* — (5) T. III, p. 225. — (6) T. II, p. 390. — (7) T. V, p. 334. — (8) T. I, p. 343. (9) T. II, p. 135.

bles (1) : » si bien que Bourdaloue peut rendre avec une calme assurance ce témoignage accablant : « Voici ce qu'on en pense et ce qu'on en dit tous les jours : que quand il s'agit de la conscience d'un homme de cour, on a toujours raison de s'en défier, et de n'y compter pas plus que sur son désintéressement (2). »

Cet austère religieux nous dirait encore les abus et les désordres trop communs dans le clergé, « les vocations fausses et intéressées (3), le sacerdoce abandonné à toutes les convoitises des hommes (4), les simonies palliées et déguisées (5), le prix d'un bénéfice, c'est-à-dire le sang de Jésus-Christ, tous les jours mis à l'enchère par tant de profanateurs qui en font trafic (6), » ou « devenant le prix d'une chasteté d'abord disputée, et enfin vendue à l'incontinence sacrilége d'un libertin engagé par sa profession dans les fonctions les plus augustes du sacerdoce (7) » ; des prêtres « vivant en laïques, se mettant par leur conduite hors d'état de célébrer les saints mystères (8) », ou, par la profanation la plus sacrilége, les célébrant « alors qu'ils recèlent au fond de leur âme des mystères d'iniquité (9) » ; « la désolation du christianisme venue beaucoup moins des peuples que de ceux qui les devaient conduire (10) » ; « les temples du Très-Haut changés en termes d'assignation et de rendez-vous (11) » ; déshonorés par « des immodesties dont les plus infidèles mahométans ne seraient pas capables dans leurs mosqueés (12) » ; les femmes empressées

---

(1) T. VII, p. 282. — (2) T. I, p. 114. — (3) T. V, p. 10-12. — (4) T. VIII, p. 231. — (5) T. I, p. 316. — (6) T. X, p. 179. — (7) T. III, p. 29. — (8) T. VIII, p. 233 ; t, XII, p. 22. — (9) T. XV, p. 418. — (10) T. VIII, p. 96. — (11) T. I, p. 287. — (12) *Ibid.*

d'y venir « pour voir et s'y faire voir, pour s'y donner en spectacle, parées comme des idoles (1) » ; les hommes « y liant ensemble d'oisives conversations, tenant même les discours les plus dissolus, s'attroupant quelquefois comme dans un cercle, et mêlant leurs voix à celles des prêtres, non pour prier, mais pour se réjouir et pour plaisanter (2) ».

Enfin, quelles lumières ne fournit pas Bourdaloue sur les désordres, chaque jour plus nombreux, qui se commettent dans le monde, et dont il est le témoin et le confident ; sur cette facilité croissante des mœurs qui enhardit le vice aimable et désarme la vertu chancelante ; sur cette « galanterie » bien dégénérée de ce qu'on l'avait vue à l'hôtel de Rambouillet ; sur ces « amitiés sensibles et prétendues innocentes (3) » où « la sensibilité du cœur se change bientôt en sensualité », et dont « la privauté pervertirait un ange s'il avait des sens (4) » ; sur ces « mariages sans attachement », après lesquels « on fait ailleurs de criminels attachements sans mariage (5) » ; sur « ces damnables commerces qui, dans les familles les mieux établies, causent tous les jours de si funestes divisions et de si tristes renversements (6) », et que Bourdaloue appelle « le désordre le plus connu et le plus ordinaire (7) », sur tant d'autres débordements, dont la sainteté du discours chrétien et la gravité d'un Bourdaloue peuvent seules rendre possible la révélation !

On voudrait croire que Bourdaloue assombrit le ta-

---

(1) T. XV, p. 359. — (2) T. XV, p. 410. — (3) T. XV, p. 32, sqq. — (4) T. X. p. 309. — (5) T. V, p. 39. — (6) T. III, p. 29. — (7) T. I, p. 107.

bleau : peut-être l'en accusera-t-on. Mais, pour le justifier du reproche d'exagération, il suffirait d'évoquer tous les autres témoins : c'est La Bruyère et les *Caractères*; c'est Saint-Simon et les *Mémoires*; c'est Mme de Maintenon et sa *Correspondance*; c'est encore la princesse Palatine, duchesse d'Orléans, écrivant avant la fin du siècle ces effrayantes paroles : « Il n'y a plus de vices ici dont on ait honte, et si le roi voulait punir tous ceux qui se rendent coupables des plus grands vices, il ne verrait plus autour de lui ni nobles, ni princes, ni serviteurs ; il n'y aurait même aucune maison de France qui ne fût en deuil (1). »

Dès le milieu de ce règne si glorieux dans la politique et dans les lettres, un procès sans exemple par l'horreur des forfaits, par le nombre des coupables, et par la qualité de beaucoup d'entre eux, découvrit tout à coup aux regards épouvantés des contemporains l'abîme de corruption qui se creusait sous leurs pas. Déjà en 1676 la marquise de Brinvilliers avait été brûlée en place de Grève, convaincue d'avoir commis ou essayé une multitude d'empoisonnements. Mais on pressentait que tout n'était pas encore connu : la police continuait ses recherches. En 1679, éclatait le procès de la Voisin, qui prit aussitôt des proportions gigantesques (2). Le roi dut instituer un tribunal extraordinaire qui siégea à l'Arsenal, et qui prit le nom de *Chambre des poisons*. Deux cent quarante personnes furent maintenues en état d'arrestation ; un beaucoup plus grand nombre furent compromises. Et il ne s'agissait pas seulement d'ac-

---

(1) *Correspondance*, lettre du 31 juillet 1699.
(2) V. Pierre Clément, *la Police sous Louis XIV*.

cusés obscurs, de vulgaires malfaiteurs : la comtesse de Soissons, qui jugea prudent de quitter aussitôt la France, Mme de Vivonne, Mme de Polignac, Mme de Montespan elle-même, le duc de Clermont-Lodève, le maréchal de Luxembourg, les plus grands noms de France, furent chargés par des dépositions plus ou moins graves. Quoique beaucoup de ces dépositions fussent des impostures, il n'était aucun de ces illustres personnages qui n'eût autorisé en quelque manière les soupçons par le débordement de ses mœurs. Toutes les turpitudes, toutes les impudicités, toutes les scélératesses, se rencontraient dans cette hideuse affaire. Colbert, qui mettait chaque jour Louis XIV au courant de tous les incidents du procès, reculait pourtant devant certains détails « trop exécrables, disait-il, pour être mis sur le papier ». Les gazettes n'osaient parler de ces mystères d'abomination. Bourdaloue l'osa. Le dimanche 1er mars 1682, alors que l'émotion causée par ces découvertes sans cesse plus nombreuses et plus épouvantables commençait à se mêler de lassitude et de dégoût, dans la chapelle du château de Saint-Germain, en présence de toute la cour, Bourdaloue prononça son terrible sermon *sur l'Impureté* (1), et, avec une incroyable hardiesse, montra dans tous les crimes que la chambre de l'Arsenal avait pour mission de juger les conséquences de la dépravation des mœurs et les suggestions de l'esprit impur.

Jamais il ne déploya plus librement sa vigoureuse et austère éloquence. Il ne ménagea, n'oublia rien ; ni l'em-

---

(1) Carême, troisième dimanche, t. III, p. 65, sqq.

poisonnement « devenu commun », ni les messes sacrilèges et les superstitions infâmes que les marchands de philtres et de poudres d'amour mêlaient à leur commerce satanique, ni la perversité du goût public, qui, dès cette époque, faisait « d'un mari sensible au déshonneur de sa maison un sujet de risée », ni « ces livres diaboliques », qui font de la débauche « une étude et une science, et que l'on dévore avec tout l'empressement d'une avide curiosité », ni même ces vices monstrueux, dont le propre frère du roi donnait le scandale.

Ce discours accusateur était prononcé devant Louis XIV : à lui de comprendre les leçons que le prédicateur ne lui épargnait pas. Car cette liberté si hardie du ministre de la parole sainte n'abdique point en face du roi le plus absolu et le plus flatté de notre histoire. Si l'on observe de près les nuances du langage dans les compliments très-étudiés que Bourdaloue adresse au roi à certains jours de fête marqués, on s'aperçoit que l'éloge y est fort souvent tempéré et mêlé de conseil. Mais il ne faut pas s'en tenir à ces morceaux officiels, nécessairement flatteurs et convenus. Jamais Bourdaloue ne parle plus à Louis XIV que lorsqu'il prêche devant lui sans s'adresser à lui. Quand il tonnait à toute occasion contre les liaisons criminelles, contre cet « esclavage des sens », cette « fascination de l'esprit », cet « ensorcellement du cœur » ; quand il s'écriait : « *Tolle*, délivre-toi, chrétien, de cet enfer, sors de cet esclavage, arrache cette passion de ton cœur (1) » ; pouvait-il ne pas songer au roi qui entendait ces paroles ? et le roi lui-même,

---

(1) T. XI, p. 123-124.

pouvait-il ne pas comprendre, pouvait-il ne pas être ébranlé?

Vers cette année 1682, les influences chrétiennes qui entouraient Louis XIV redoublaient d'efforts pour l'arracher à sa vie coupable et lui épargner la honte et le ridicule d'une vieillesse dissolue. Fatigué de Mme de Montespan, mais enchaîné par l'habitude, il semblait hésiter. L'affaire des poisons le faisait rentrer en lui-même : car il apprenait par des révélations multipliées que sa vie, celle de la reine, celle de tous les siens avaient couru peut-être les plus grands périls, que son ancienne maîtresse la comtesse de Soissons avait proféré des menaces de vengeance, qu'on l'accusait d'en avoir préparé l'exécution. Quels durent être les sentiments de Louis XIV, quand il entendit ces paroles : « Ne vous fiez pas à une libertine dominée par l'esprit de débauche : si vous traversez ses desseins, il n'y aura rien qu'elle n'entreprenne contre vous ;..... elle vous trahira, elle vous sacrifiera, elle vous immolera (1)! »

Mais si Louis XIV se détachait de Mme de Montespan, se convertirait-il? serait-ce un changement de vie et un retour au bien, ou seulement un changement de désordre? On avait vu quelques mois auparavant Mlle de Fontanges élevée un instant au plus haut degré de la faveur. Une autre Fontanges ne supplanterait-elle pas Mme de Montespan délaissée? Bourdaloue le craignait, et osait le faire entendre. « Combien voit-on d'impudiques qui se convertissent?..... Ils se défont d'un engagement, mais ce n'est que pour en former

---

(1) *Sur l'Impureté*, t. III, p. 83.

un autre..... Au défaut de celle-ci, ils trouveront celle-là....
Quand donc feront-ils une vraie pénitence (1)? »

L'heure de la vraie pénitence sonna enfin : le roi donna désormais l'exemple d'une vie régulière. Mais Bourdaloue n'est pas dupe de la réforme apparente et de la décence tout extérieure que la tardive résipiscence du monarque tout-puissant impose aux mœurs publiques. Il sait ce que vaut la dévotion de ces hommes « qui font servir à leur fortune Dieu et la religion », de sorte, ajoute spirituellement le prédicateur, « que la piété, qui, pour chercher Dieu, doit renoncer à tout, par un renversement déplorable, se trouve utile à tout, hors à chercher Dieu et à le trouver (2) ». Comme s'il voyait déjà dans l'avenir la Régence autorisant tous les désordres et faisant tomber tous les masques, il dénonce ces courtisans aujourd'hui dévots sous un roi dévot, mais qui « se feraient un principe, s'il était libertin, de l'être avec lui, et, s'il méprisait Dieu, de le mépriser comme lui (3) ».

Ainsi l'hypocrisie des derniers temps ne dérobe pas à la clairvoyance de Bourdaloue les progrès du mal. A Dieu ne plaise pourtant que nous méconnaissions la supériorité morale que le dix-septième siècle conserve sur les époques qui suivirent! C'est une erreur encore dont Bourdaloue suffit à nous préserver. Car il ne laisse pas dans l'ombre les beaux côtés de son temps. Toujours grave et calme au milieu de ses jugements les plus sévères, il n'est pas plus ex-

---

(1) *Sur l'Impureté*, t. III, p. 103-105.
(2) *Sur l'État de vie et le soin de s'y perfectionner*, t. VI, p. 303.
(3) *Sur le Respect humain*, t. I, p. 285.

clusif qu'outré, et, si la nature de sa mission l'oblige à insister plus ordinairement sur le mal, il ne nous laisse pas ignorer le bien. Il reconnaît qu'il y a encore des parties saines dans la société : « la vraie piété, la pureté des mœurs », trop rares « parmi les grands, les nobles, les riches », qu'on ne rencontrera pas davantage « dans les cabanes d'une pauvreté fainéante », il les accorde « à ces médiocres états de vie qui subsistent par le travail, à ces conditions moins éclatantes, mais plus assurées pour le salut, de marchands engagés dans les soins d'un légitime négoce, d'artisans qui mesurent les jours par l'ouvrage de leurs mains (1) ». Il sait qu'aux scandales trop fréquents on peut opposer de beaux exemples, que s'il y a des Grammont et des Vendôme, il y a aussi des Chevreuse et des Beauvilliers, que Dieu s'est réservé « de parfaits adorateurs dans tous les états et jusqu'à la cour (2) ». Les hontes et les bassesses trop communes chez les grands ne l'empêchent pas de rendre honneur à la fidélité méritoire, au zèle et à la bravoure qu'ils montrent à l'envi dans le service du roi (3). Il aime à louer les grandes vertus de certains évêques semblables à ce Faydeau de Brou, évêque d'Amiens, dont il nous a laissé un éloge si flatteur (4). Il rend grâce à Dieu de ce que les communautés religieuses, purifiées et vivifiées par le grand courant de la réforme catholique, se remplissent tous les jours « de sujets distingués et par la splendeur de leur nais-

---

(1) *Sur l'Oisiveté*, t. V, p. 207-208.
(2) *Sur l'Hypocrisie*, t. VI, p. 218.
(3) T. II, p. 159 ; t. XI, p. 100-101 ; t. XI, p. 316, etc...
(4) Panégyriques. *Sermon pour la fête de saint Jean-Baptiste*, fin, t. XII, p. 281-282.

sance, et par le mérite de leurs personnes (1) », qui « édifient le monde par la perfection d'une vie plus angélique qu'humaine (2) ». Il sait surtout que, dans les âmes même les plus coupables, il reste des « racines de foi (3) », foi trop longtemps stérile, mais qui se ranime tôt ou tard, et, « par un changement également prompt et sincère, fait rentrer dans la voie de Dieu des hommes sans religion, des athées de créance et de mœurs (4) ». Il nous apprend en un mot que, pour être juste envers le dix-septième siècle, on ne doit l'appeler absolument ni le siècle de la corruption, ni le siècle de la vertu, mais le siècle des grands repentirs, ce qui suppose tout à la fois et de graves désordres, et de puissantes énergies morales pour les réparer.

Enfin, l'on peut dire que Bourdaloue, par son existence même, par la nature et par les succès de sa prédication, rend un beau témoignage en faveur de son temps. Ni cette prédication austère, où la sève chrétienne est sans mélange, n'eût été possible, ni l'admiration soutenue que Bourdaloue conserva durant toute sa carrière dans l'élite de la société du temps ne pourrait s'expliquer, si les âmes n'eussent gardé au milieu de tous les dérèglements le respect et le goût sérieux des grandes vérités morales et religieuses ; si elles n'eussent été encore toutes pénétrées de christianisme. Les sermons de Bourdaloue révèlent, on sait avec quelle force et quelle hardiesse, des vices de toute sorte,

---

(1) Panégyriques. *Sermon pour la fête de saint François de Sales*, t. XII, p. 213.
(2) Quatrième sermon *sur l'État religieux*, t. XIII, p. 217.
(3) *Sur les Œuvres de la foi*. t. VI, p. 147.
(4) *Sur la Religion chrétienne*, t. II, p. 222.

une décadence générale et prompte qui annonce et prépare le dix-huitième siècle : mais ce qui fait bien sentir que nous ne sommes pas encore au dix-huitième siècle, ce qui corrige heureusement tous les justes reproches que Bourdaloue prodigue aux grands qui l'écoutent, au clergé, à la cour, au roi lui-même ; ce qui atténue sans les effacer tant de vérités accablantes, c'est qu'il se soit rencontré un pareil prédicateur pour les dire, et, pendant trente-quatre ans, un pareil auditoire pour les entendre.

Bourdaloue fut trop admiré de son temps pour l'être également du nôtre. L'esprit du siècle de Descartes reconnaissait sa propre image dans cette éloquence grave, méthodique, toute rationnelle, et pour ainsi dire la plus cartésienne qui se puisse concevoir. Ce style toujours juste et correct, ferme et soutenu, sans grand éclat, mais aussi sans faux brillants, paraissait aux contemporains de Boileau et de Mme de Maintenon le langage de la raison même.

Nous, au contraire, élevés tous plus ou moins à l'école de Chateaubriand, nous qui avons respiré cet air vivifiant sans doute, mais échauffé, où parut il y a cinquante ans le météore du romantisme, nous avons gardé de ces influences le culte de la couleur et de l'image. Nous avons soif de nouveauté, d'imprévu, et, si je puis dire, d'originalité voyante. Nous exigeons de l'orateur quelques-unes des qualités propres au poëte. Le goût blasé et inconséquent de notre siècle n'admet plus de milieu entre la précision rigoureuse de la science et les violences de l'imagination exaltée : siècle bizarre, tour à tour le plus lyrique et le plus positif des temps modernes !

L'enseignement chrétien de Bourdaloue était aussi en parfaite conformité avec les tendances comme avec les besoins spirituels de sa génération. Quand il s'attachait à la partie de la religion qui concerne les mœurs, sans jamais pourtant la séparer du dogme ; quand son érudition se montrait sans s'étaler, à la fois discrète et riche, claire non moins que sûre ; quand il apportait à son auditoire le suc et la fleur des Docteurs et des Pères, lui épargnant les épines et les broussailles ; quand il s'appliquait principalement à donner la juste mesure de la vraie sévérité évangélique, également éloignée du relâchement qui la ruine et de la dureté janséniste qui la compromet ; quand il traitait les questions en apparence les plus dogmatiques et les plus spéculatives moins en elles-mêmes que dans leurs rapports avec la vertu et la piété chrétiennes, et qu'enfin toute sa théologie était morale et sa morale théologique, il réalisait l'idée que se faisait du prédicateur cette époque commencée après Pascal pour finir avant Massillon, et qui, mieux que toute autre peut-être, a su ce que c'est à proprement parler qu'un sermon.

Mais cette prédication qui suppose la foi, et qui devait être si bien comprise dans un milieu chrétien, combien ne perd-elle pas, quand elle ne rencontre plus que des incrédules et des sceptiques ? Cette morale qui sort des entrailles du dogme, et qui s'appuie sans cesse sur la théologie, quel empire peut-elle conserver sur une société où tant d'âmes refusent leur adhésion au dogme lui-même, et ne voient plus dans la théologie qu'un vieux mot servant de rubrique à de vieux préjugés ? Nous sommes loin aujourd'hui des querelles du jansénisme et du quiétisme. La prédestination, la morale étroite, les méthodes d'oraison, toutes ces questions pleines d'intérêt pour le dix-septième siècle, et qui, transportées dans la chaire, rendaient l'enseignement de Bourdaloue si actuel et si vivant, sont pour la plupart de nos contemporains lettre morte. Qu'importent et la nature de la grâce, et son efficacité, et la prière, et la spiritualité chrétienne, quand toute action surnaturelle est mise en doute, et quand Dieu même est nié ? Bourdaloue n'avait à convertir que des pécheurs ; il lui faudrait maintenant convertir des incrédules.

De même les portraits, les peintures morales que Bourdaloue introduisait dans le sermon, outre qu'elles offraient un appât à la curiosité contemporaine, souvent trompée, mais qui ne croyait pas l'être, répondaient merveilleusement au génie du siècle. L'étude approfondie et la vive peinture de l'homme, de l'âme et de la vie, soit dans les traits permanents et universels de la nature humaine, soit sous les formes passagères de la société du temps, tel est, de Pascal à la Bruyère et de Molière à Saint-Simon, le caractère essentiel, l'inspiration maîtresse de la littérature du dix-septième siècle, le thème unique auquel elle se peut ramener presque tout entière. C'est vers l'observation des caractères et des mœurs que le goût natif de l'esprit français nous porte le plus volontiers, et ce goût, développé par la Renaissance, devenu plus large et plus grave sous l'influence du christianisme, trouvait pour s'exercer le milieu le plus favorable dans cette société hiérarchique et distincte, car elle n'avait pas encore subi le niveau d'une égalité confuse ; calme et reposée, car elle ne connaissait pas encore le choc tumultueux des utopies et des systèmes.

Mais aujourd'hui, dans ce tourbillon de théories philosophiques, politiques, sociales, qui se disputent les esprits, et dont l'anarchie intellectuelle est le premier principe comme l'immanquable effet, qui donc trouverait le loisir d'observer et de peindre ? Quand les affirmations et les négations s'entre-croisent et se heurtent sans cesse, quand tout est mis en question et que la société même n'est pas sûre de son lendemain, il s'agit bien d'analyser des sentiments et de dessiner des caractères ! Partout la mêlée des idées complique et cache le jeu des passions : dans tous les genres, la thèse l'emporte sur la peinture. Les préoccupations philosophiques et sociales viennent saisir, non pas seulement l'orateur ou l'historien, mais jusqu'au poëte et au romancier.

La chaire chrétienne ne pouvait ni ne devait échapper à ces influences nouvelles. Aujourd'hui, nos prédicateurs les plus célèbres et les plus goûtés ne sont pas ceux qui pénètrent le plus avant dans la connaissance du cœur, mais ceux qui réfutent le mieux les systèmes, et qui opposent aux adversaires les plus solides ou les plus brillantes apologies. C'est ainsi que la prédication chrétienne s'est transformée comme tout le reste, et que la *conférence* a remplacé le *sermon*.

Vivant de nos jours, Bourdaloue prêcherait autrement qu'il n'a prêché. Mais si nous avons réussi à faire partager l'impression que l'examen de ses œuvres nous a laissée, on conclura de tout ce discours qu'aujourd'hui nous oublions trop Bourdaloue, et que tous nous pourrions beaucoup apprendre à son école. Son éloquence simple, solide, constamment soutenue du nerf de la logique, fait prendre en dédain toutes les vanités et les artifices de la déclamation : on ne peut goûter Bourdaloue sans être dégoûté des rhéteurs. Sa doctrine rétablit dans toute sa pureté cette religion de nos pères, si souvent défigurée et méconnue, cette foi sérieuse et raisonnable, cette morale élevée, agissante, à la fois étroite parce qu'elle ne transige pas, large parce qu'elle est accessible à tous. La peinture morale, qui occupe, nous l'avons vu, une si grande place dans ses discours, nous fournit d'utiles lumières sur nous-mêmes, et aussi d'utiles lumières sur un siècle tour à tour trop vanté et trop rabaissé; siècle qui a mérité de produire Bourdaloue, de le comprendre et de l'admirer, mais qui a mérité en même temps d'être représenté par lui sous de sombres couleurs; siècle où les mœurs ne furent pas à la hauteur de l'esprit, du goût et des croyances; siècle enfin que Bourdaloue ne permet ni de dénigrer, ni de regretter.

Qu'on ne dispute donc pas à ce grand orateur sa vraie place dans l'histoire de notre éloquence sacrée. Lui préférer Massillon, lui égaler Mascaron et Fléchier, serait doublement injuste.

Certes, ce fut un admirable prédicateur que Massillon : je comprends même qu'à première vue on soit tenté de lui accorder le prix. Cette harmonieuse et facile abondance, qui berce à la fois l'esprit et l'oreille, exerce une sorte de charme. Mais c'est le propre de cet orateur que ses beautés sont d'ordinaire spécieuses ou incomplètes, et qu'il faut les acheter trop souvent au prix de quelque défaut. Son abondance est plus dans les mots que dans les choses : la part de l'amplification l'emporte chez lui sur celle de l'invention véritable, et il sait mieux étendre un sujet que le féconder. Si on le suit avec moins d'effort, n'est-ce point qu'il flatte une certaine paresse de notre esprit, et le force moins à penser? Nous avons trouvé chez Bourdaloue bien plus de vraie fécondité et une richesse de meilleur aloi. La composition, moins méthodique quelquefois dans les sermons de Massillon que dans ceux de Bourdaloue, est en réalité bien plus artificielle : on y sent tout autant la main de l'ouvrier, et beaucoup moins la vérité des choses et la logique du sujet. Le style est plus lâche, la diction moins châtiée, la langue moins pure : « son élégance même, a dit un bon juge (1), finit par avoir quelque chose d'affadissant. » Dans les grands mouvements, où Massillon cherche l'éloquence et la trouve, l'artifice oratoire se trahit encore plus que la vraie passion. Il se force alors, devient outré : de là des sévérités excessives, celles par exemple du sermon *sur le petit nombre des élus,* qui sont moins peut-être des exagérations de doctrine que des convenances dramatiques : toutefois on n'est pas peu surpris de les rencontrer chez un prédicateur dont l'onction a été si complaisamment admirée. Le mot même d'onction, appliqué à Massillon, est impropre; non point que ce caractère lui ait tout-à-fait manqué; mais il trouve peu d'accents vraiment pénétrants et qui aillent au cœur. Ce qui a fait sans doute illusion,

---

(1 M. de Sacy.

c'est qu'il a laissé perdre quelque chose de l'austérité apostolique ; c'est que sa prédication, moins purement chrétienne, jamais théologique, plus voisine de la morale philosophique et naturelle, a mis plus volontiers en lumière les côtés populaires et humains de la religion, la charité fraternelle, le devoir de l'aumône, l'égalité des hommes. Voltaire avait toujours sur sa table le *Petit-Carême* : c'était rendre au prédicateur un hommage compromettant. La parole sainte, dans la bouche de Massillon, s'est affaiblie, bien plutôt qu'attendrie. Il n'en faut pas davantage pour le déclarer inférieur. Avec Massillon, la décadence de la chaire ne commence pas encore ; mais elle s'annonce.

Quant à Fléchier, ce prédicateur qui dut sa première renommée à de jolis vers latins sur un carrousel, il resta toujours bel esprit. Excellent écrivain, un de ceux qui ont le mieux connu les ressources de la langue, il cacha sous une forme trop soignée un fond trop pauvre, ne goûta jamais la simplicité et le naturel, et fut le Balzac de la chaire.

Il faut regretter que les sermons de Mascaron soient perdus. Mascaron ne doit pas non plus être placé sur la même ligne que Bourdaloue ou que Massillon : pour lui toutefois, l'honneur du rapprochement serait moins immérité. Mme de Sévigné l'a loué plus que de raison, mais non pas sans raison. Outre les qualités extérieures de l'orateur, noblesse du maintien, sonorité de la voix, grâce et beauté du geste, il trouva plus d'une fois la force, la profondeur, le mouvement et même l'éclat. On détacherait de ses oraisons funèbres des pages admirables. Mais il ne se soutient pas, tombe ici dans l'enflure, là dans la subtilité, et gâte ses plus heureuses inspirations par la recherche et le mauvais goût. Ce n'est qu'un orateur de second ordre, qui s'est élevé quelquefois à la hauteur des plus grands.

Sauf Bossuet, dont l'éloquence est d'une sublimité sans pareille, Bourdaloue ne connaît ni supérieur ni rival. Encore peut-on dire que passer de Bossuet à Bourdaloue, c'était changer plus encore que déchoir. Avec Bossuet trop tôt distrait de la prédication par tant d'autres devoirs, l'éloquence sacrée avait brillé d'un incomparable éclat ; avec Bourdaloue, elle se repose dans la plénitude de sa force et de sa maturité. Bossuet, un de ces rares génies, qui appartiennent moins à une époque déterminée qu'à l'humanité tout entière, est aujourd'hui, surtout comme sermonnaire, mieux connu qu'autrefois, et sa grandeur est mieux comprise. Il faut s'en applaudir. Mais il faut souhaiter aussi qu'un retour de justice et de gravité dans le goût public ramène également à Bourdaloue beaucoup de lecteurs capables d'apprécier ses mérites impérissables.

Quelque jugement d'ailleurs qu'on porte sur ses discours, on garde de son commerce l'impression toujours salutaire que laisse le spectacle d'un caractère irréprochable et d'une vie toute dévouée au devoir. Lors même que nous ne pourrions faire renaître au même degré l'intérêt si vif qu'il offrait à son temps, l'éclat de sa vertu en serait plutôt rehaussé qu'affaibli. Car, s'il attire moins aujourd'hui, s'il ne provoque qu'une admiration plus calme et plus réfléchie, c'est principalement parce qu'il a donné à ses contemporains l'enseignement le plus pratique, le plus utile, le mieux fait pour eux ; c'est qu'il a été ce qu'il voulait être, le prédicateur le plus capable d'assurer le salut de ceux qui l'écoutaient. Trop solidement humble pour convoiter la gloire humaine, ce saint religieux ne désirait que ce qu'il fallait de renommée pour faire écouter la parole de Dieu. Cette récompense lui fut accordée : il n'en demandait pas d'autre à la terre. Les seules couronnes qu'il ambitionnât après le tombeau, c'étaient celles que les hommes ne peuvent donner, et que le temps ne peut flétrir.

www.ingramcontent.com/pod-product-compliance
Lightning Source LLC
Chambersburg PA
CBHW070302100426
42743CB00011B/2308